やってはいけない！

社会人としての100のタブー

社会人のマナー研究会
編

はじめに

厳しい就職活動を乗り越えて、晴れて社会人の仲間入り。しかし、たとえ新入社員でも、甘えは許されません。毎日のように遅刻をしていて、珍しく定時に出社したかと思えば忘れ物。挨拶もぼそぼそと覇気がないし、電話がなっていても出ようとしない。こんな調子では、「お前はもうクビだ！」と上司に怒られてもしかたありません。

学生の頃ならば、何日遅刻をしても自分の成績に響くだけでした。しかし、社会人になったらそうはいきません。「会社」という組織は、多くの人との連携により成り立っています。一人が問題行動を起こすと、それが即会社のイメージダウンにつながってしまうのです。

本書では、「社会人としてこれだけはやってはいけない」タブーを、状況や場面ごとに100項目まとめました。それぞれに「うっかり度」と「タブー度」を示してありますので、参考にしてください。また、各項目にチェックボックスを設けましたので、ぜひ活用してください。

立派な社会人を目指して、マナー向上に努めましょう。

目次

電話・手紙・メール編　47

社内編 85

身だしなみ編 125

表紙・本文イラスト　たかおかおり

やってはいけない！

訪問 来客編

名刺交換のタブー

タブー度
うっかり度

名刺はビジネスマンの顔といっても過言ではない。営業先や取引相手など、初めて会う人とは必ず名刺交換を行う。本人や会社の第一印象を決める、大事な場面だ。しかしよく見ると、やってはいけないことをしている人が多い。名刺交換のタブーとは何か、順に見てみよう。

まずは**名刺をスーツの尻ポケットから出すこと**。これは絶対にやってはいけない。人に渡すものを尻に敷いているのでは、相手の印象も良くない。会社の教育姿勢も疑われかねないのだ。

次に**財布や定期入れに名刺を入れること**。「名刺入れを買うのが面倒だから」「うっかり忘れそうだから」と財布や定期入れに名刺を入れている人が多いが、これもタブー。出し入れの多い財布や定期入れに入れていては、名刺がすぐ傷んでしまう。専用の名刺入れは、社会人になったらまず用意するべきもののひとつである。自分の名刺を入れておくためのものと、もらった名刺を保存しておくためのものと2つ用意しておくといいだろう。同じ名刺入れに入れていると、名刺交換のときに誤って人からもらった名刺を渡してしまうこともあるからだ。

名刺入れを入れる場所は、上着の内ポケットか胸ポケットが望ましい。上着の外ポケットだと、そのまま突っ込んできたという印象がある。

渡すときにも注意が必要だ。自分の名刺は、**文字を相手へ向けて渡すのが鉄則**なので、初めから上下逆さに名刺入れへ入れておいて、取り出したらそのまま相手へ渡せるようにすると、スマートでいいだろう。

受け取るときは必ず両手で。名前が読めなかったり、聞き逃した場合には、きちんとその場で確認をすること。

名刺は上下逆にして名刺入れに入れておけば、渡すとき自動的に相手に文字が向くようになる。

check!

初対面の人との会話、これはタブー

タブー度

うっかり度

初対面の人との会話は、とかく緊張するものだ。話が続かず、黙ってしまうこともあるだろう。何か共通の話題を……と必死で頭を巡らすこととなる。

そんな初対面の人との会話で、禁句の話題が2つある。あなたは気づいているだろうか。

まずは「**宗教**」。初対面やあまり親しくない人に宗教の話を持ち出すことは絶対にタブーだ。

日本は一般的に、宗教に対する関心があまり高くない。また、さまざまな報道から、「宗教」といわれると一歩引いた見方をしてしまいがちだ。そのせいか、日常会話でも無関心ゆえの批判的な意見がぽろっと出てしまう。しかし、諸外国からは無宗教の国と見られがちな日本でも、特定の宗教を信仰している人は大勢いる。相手がその宗教を信仰しているのを知らずに、なにげなく「○○教は、ウラで何をやっているかわからない感じで怪しいですね」などといってしまっては、相手を怒らせたり、傷つけてしまうことにもなりかねない。**人が信じているものを、悪意がなくともけなすような発言は禁物**なのだ。これは社会の場に限らず、日常生活でも同様である。

次に「**政治**」。これも理由は宗教の場合と同様で、相手が特定の政党や政治家を支持していた場合、関係に亀裂が生じるおそれがある。特に男性は、政治や経済の話をしたがる傾向にあるので、充分注意したい。

ちなみに、「**プロ野球**」の話題も、初対面の人とは控えろといわれている。理由は先と同じだが、他の趣味に比べて、プロ野球は熱心なファンが多いので、相手の応援しているチームがわかるまでは、控えたほうがいいだろう。

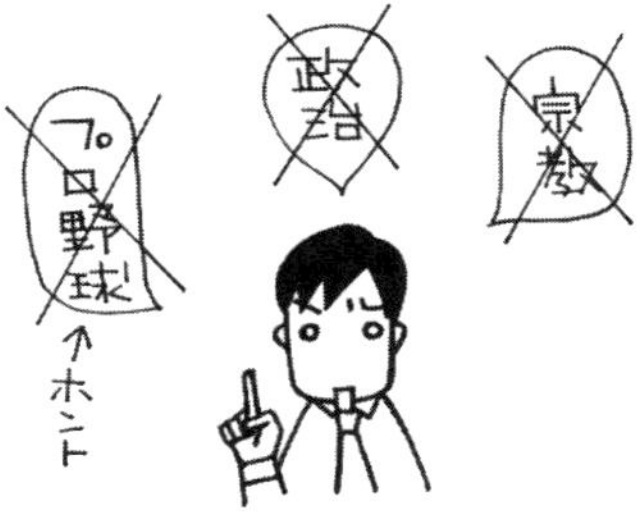

check!

客先訪問前、これを忘れたら大ひんしゅく！

タブー度
うっかり度

社会人にとって大事な仕事のひとつが「訪問」である。商談や打ち合わせ、取材など、訪問の用件はさまざまだ。

さて、他社を訪問する際の準備で、絶対忘れてはならないことがひとつある。それは「**アポイント（約束）**」だ。

いくらスーツや髪型をしっかり整え、名刺のストックを確認し、ビシッと元気に挨拶しても、面会の約束を取りつけていないで「今、忙しいから後日にしてください」「約束のない客とは会わないよ」などといわれてしまったら、すごすご帰るしか選択肢はないのだ。アポイントを取らない人は、社会人としての自覚がないといっていい。

休日に、片づけもせずパジャマのままゴロゴロとテレビを見ていたところに、突然知人がやってきたら、誰もが「ちょっと待って！　今着替えるから！　片づけるから！」と慌てるだろう。また、ちょうど出かけようとしていたときに遊びに来られても、「せっかく来てもらったのに悪いけど……」と気まずい思いをする。

仕事の訪問も同じことで、突然来られるのは迷惑なのだ。事前の約束があれば、他の予定とかぶることもないし、時間に合わせて片づけをし、資料をそろえて客を待つ余裕ができる。お互いスムーズに気持ちよく仕事ができるというわけだ。

「多分会えるだろう」「前に行ったときもこの時間はいたから大丈夫なはず」と**一人合点せずに、必ずアポイントを取ること**。

アポイントは電話で取れば良いが、当日の朝になって「これから行きますので」というのではなく、少なくとも1、2週間の余裕はもちたい。突然決まった用事でも、決まった時点ですぐに相手に連絡する癖をつけたい。日程は、相手の予定に合わせて、自分のスケジュールを調整するように心がける。

「そっちへ行ってやる」のではなく、あくまでも「行かせてもらう」姿勢で。

check!
□

上司や恩師の家を訪問するとき、忘れてはいけないものとは?

タブー度

うっかり度

上司やお世話になった先生の家へおじゃまするとき、忘れずに持っていかなければならないものがある。何だかわかるだろうか。思いつかなかった人は、一からマナーを勉強しなおしたほうが良いだろう。

答えは「**手土産**」だ。

手土産とは「**招いてくださってありがとうございます**」**という感謝の意を表すもの。**言葉に添えることで、より感謝の気持ちが深まるのだ。

さて、手土産には何を持っていけばいいか。無難なものはクッキーやおまんじゅうといったお菓子類だが、相手の家族構成や趣味・好みがわかるなら、それに応えられるものを持っていくと良いだろう。

どこで買うかも重要なポイントだ。

わざわざ寄り道するのは面倒だからと、訪問先の近所で買ってしまいがちだが、これは控えたい。というのは、訪問先の近所にある店では相手が「あ、すぐそこの店のだな」とわかってしまうからだ。「土産を買うのが手間だったんだな」と思われてしまう。

「ついでに買った」感が強いと、感謝の気持ちも薄らいでしまうだろう。

「土産」は字のとおり「その土地で生まれた名産」を指している。本来なら自分の土地の名産物を持っていくのが「土産」であるが、それが無理でも、何か凝ったものや相手が喜びそうなものを考えて持っていけば、話題づくりにもなっていいだろう。

結局は「感謝したい・喜んでもらいたい」という思いがあってこそのものなのだ。

持参した手土産は、挨拶を済ませた後に渡すようにしよう。

check!

「席次《せきじ》」ってなに?

タブー度

うっかり度

会社にお客さんが来たとき、好きな席に座ったら上司に「なんでお前がそこに座るんだ!」と怒られた経験はないだろうか。

誰がどこに座るかは、洋室・和室を問わず、「**席次**」という順番が決まっている。席次というと、結婚式の座席ぐらいしか思い浮かばない人も多いだろうが、社会生活においても、席次は存在する。客を招く際や自分が訪問する際には、この「席次」がわかっていないと、とんだ恥をかいてしまうだろう。

席次は、基本的に**扉から一番遠い席が、目上の人が座る上座《かみざ》**、**扉に近い席が目下の人が座る下座《しもざ》(末席)**。和室の場合は、床の間に近い席を上座とする。また、景色がよく見渡せる席や、室内の花・絵画を眺められる席を上座とする場合もある。室内の作りに応じて決めれば良い。(22ページの図参照)

check!

車に乗るのも順番が決まっている！

タブー度
うっかり度

新入社員は、上司や先輩の仕事に同伴することも多いが、車で外出するとき、乗り込む順番まで考えているだろうか。たまたま道路に近いところにいたからと、自分が先に乗り込むのはタブー。ここは**上司や先輩を先に通すのが礼儀**だ。降りるときには自分が先に出て、ドアが閉まらないよう押さえておく配慮が必要だ。

ちなみに、部屋同様、**乗物にも席次がある**。タクシーの場合は、助手席が下座。同行したメンバーで自分が一番下なら、助手席に座る。しかし基本的に目上の人から順に乗っていくので、先に上司が助手席に座ってしまった場合は、いちいち降ろして後ろの席へ移動させるのもかえって失礼だ。わかっていて助手席に乗っているかもしれないので、そこは臨機応変に対応できるようにしたい。（22ページの図参照）

check!
□

❶が上座。

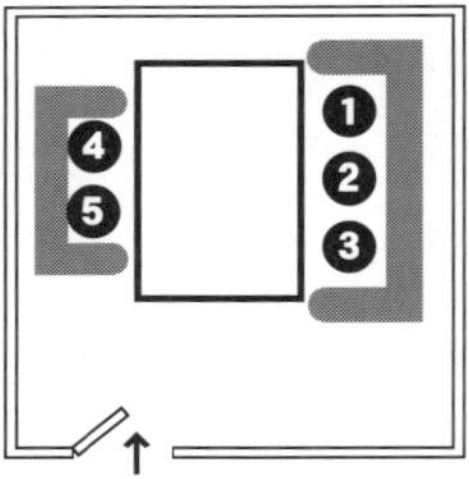

応接室の席次

基本は入口から一番遠い席が上座。上座には、ゆったりとしたソファーなどを配置するといいだろう。外の景色や絵、花がよく見える場所を上座としても良い。

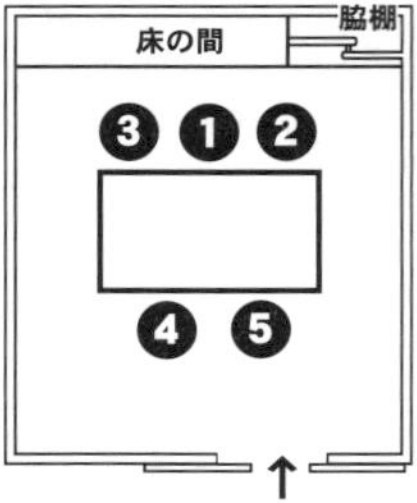

和室の席次

和室は、入口正面から見て左側に床の間、右側に脇棚がある「本床」が一般的（逆の場合を「逆床」という）。上座は床の間の前となる。末席は入口に一番近い席。

車（タクシー）の席次

タクシーの場合は、後部座席奥が上座、末席は助手席となる。

社長が運転して、部長と新人が乗るといった場合は、助手席は部長に、後部座席に新人が乗り込む。

座っている人と立っている人、エライのはどっち？

タブー度

うっかり度

洋室の応接間に通され、面会者が入室した際、椅子に座ったままペコペコと挨拶しているようでは、社会人失格だ。

洋室の場合は、座っている人が目上、立っている人が目下だ。社内で上司は椅子に座り、部下は立ったまま話を聞いていることからも、上下関係がわかると思う。座ったままの挨拶は、たとえ自分が客でも失礼にあたる。逆に**和室の場合は、座ったまま挨拶をする**「**座礼**」が一般的。こちらは殿様に家来が「ははー」と土下座している図を思い浮かべればわかりやすい。しかし、座布団に座ったままでは失礼なので、畳の上でおじぎをするのが、正しい座礼の仕方。

check!

座布団、こうして使ったらマナー違反！

タブー度 

うっかり度 

一般の住宅では和室はどんどん少なくなっているが、居酒屋などでは逆にお座敷のところが増えており、座布団に腰を下ろす機会はまだまだ多い。

そんなお座敷で、途中トイレに立つ人をよく観察してみてほしい。部屋を出るまでの間に座布団を踏んづけて歩いてはいないだろうか。自分が歩くときも「全然気にしていなかった」という人は多いだろう。実はこれ、やってはいけないことなのだ。

友人同士のプライベートな場なら、ましてお酒の入っている状態なら、そんなことを気にしている人のほうが少ないかもしれない。しかし、踏んで歩くことが当たり前になっていると、上司や目上の人の家へお邪魔したときに、大きな恥をかくことになってしまう。

椅子やソファーに立ち上がるのが行儀の悪いことであるように、**座布団の上に立つのは失礼な行為**である。また、たとえ尻に敷く座布団といえども、その家や店の大事な家具なのだから、丁寧に扱うべきだ。

すすめられた席の座布団を**他の席のものと交換**したり、**ひっくり返して使ったり**するのも、せっかくの相手の好意を無にすることになり失礼にあたる。

用意された席に、ありがたく座らせてもらうという姿勢を心がけよう。

座布団の他に、畳の縁《へり》や敷居も踏んではならない場所のひとつ。これは縁や敷居は傷みやすいからとされている。

和室は足元に気をつかう点が多い。ずかずかと無遠慮に上がり込んでいるようでは、いくら仕事ができたとしても、いい印象を持たれないだろう。

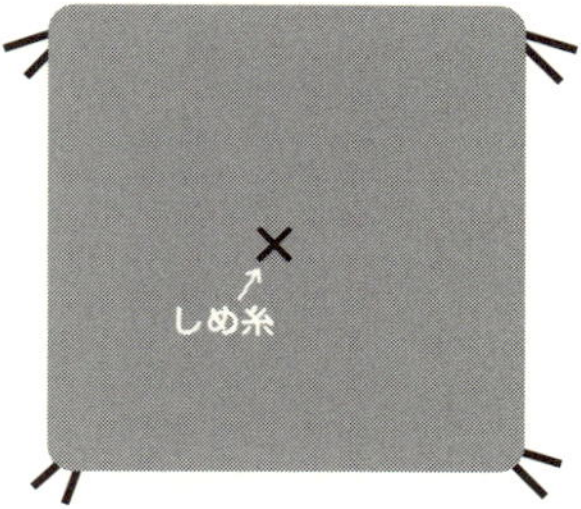

座布団は中央に綿を止める「しめ糸」のあるほうが表。ひっくり返して座ったり、踏んだりするのはマナー違反だ。

check! □

「大きな声で挨拶」がタブーとなる場面

タブー度
うっかり度

挨拶や来客・電話応対は元気な声ではきはきと、が基本である。しかし、その基本がタブーとなる場所がある。どこだかわかるだろうか。

答えは、**来客へのお茶出しのとき**だ。意外に思う人もいるかもしれない。

しかし、客が何をしに来たのかを考えれば、すぐ理由がわかるはず。そう、客は仕事の用事で来ているのだ。仕事をしているところへ、大きな声で勢いよく入ってこられたら、客はもちろん、面会している社員も驚くし、仕事の邪魔になってしまう。

ドアの前まで来たらいきなり入室するのではなく、様子をうかがい、**あまり白熱しているなら水を差さないよう少し待つ**といいだろう。お茶を出した後は長居をせず、すぐに退出しよう。

check!

上司と来客、どっちを先に紹介する？

タブー度

うっかり度

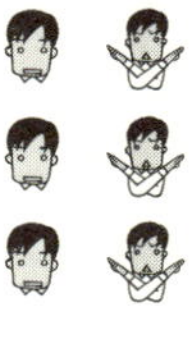

自分が担当している取引先の人が来社。上司は彼らと面識がなく、自分が双方を紹介することになった。さて、この場合「まず自分の上司に来客を紹介」すればいいか、「まず来客に自分の上司を紹介」すればいいか。

正解は「**まず来客に自分の上司を紹介**」だ。

自分の上司はもちろん、自分にとって目上の人である。しかし、自分・自分の上司・来客といった場合、一番敬意を払うべき人は、自分の上司ではなく来客なのだ。一対一ならわかりやすい上下関係も、他者がからんでくると、非常にややこしい。「上司はとにかく目上」という型にはまらず、臨機応変に行動できるといいだろう。

check!

自分の上司と来客、敬意を優先するのは来客だ。

来客を取り次ぐ際の尋ね方は？

タブー度

うっかり度

来客の応対では、まず誰に取り次ぐかを尋ねる。そのとき、あなたなら何と尋ねるだろうか。

①**「どなたをお呼びいたしましょうか？」**

②**「誰をお呼びいたしましょうか？」**

正解は②**「誰をお呼びいたしましょうか？」**だ。

「え、でもみんな『どなたを』って言ってるよなぁ」と、思う人もいるかもしれない。確かに「誰」より「どなた」と聞いたほうが、断然丁寧に思える。しかし、この場合は「どなた」では誤りなのだ。

「誰」の敬語表現は、「どなた」「どちら」。しかし「え、それなら合ってるじゃん」と思うなかれ。この場合の「誰」が誰を指すか考えてみてほしい。そう、「来客の面会相手」である。つまり、**「誰」とは「自分の会社の誰か」**なのだ。来客と来客の面会相手（＝自分の会社の人）のうち、自分がより敬意を払わなければならない人はどちらか。『上司と来客、どっちを先に紹介する？（27ページ）』が理解できた人には一目瞭然だろう。もちろん、来客のほうにより敬意を示さなくてはいけない。

このように、敬語は表現もさることながら、誰に敬意を払うかも重要なのだ。

通常表現	敬語表現
誰	どなた・どちらさま
どこ	どちら
あそこ	あちら
自社	弊社・小社
（相手の）会社	御社・貴社
僕・俺	わたくし
私たち	わたくしども
父	お父上・ご尊父・お父様
母	お母上・お母様
妻・家内	奥様
夫	ご主人様・旦那様
子ども	お子様
みんな	皆様

よく使う敬語表現。男性は、普段は「僕・俺」といっていても、仕事のときは「わたくし」といえるようになりたい。

check! □

来客案内時のタブー

タブー度 

うっかり度 

新人の女性が、年配の来客者を応接室まで案内することに。「ご案内致します、どうぞ」と歩き始めたのはいいが、いざ応接室の前まで来て振り返ると、客はずっと後ろのほうから慌ててこちらへ向かっている。そう、彼女は自分のペースでスタスタ歩いてしまい、客がついてこれなかったのだ。遅れて到着した客は、はあはあと肩で息をしている……。こんなことでは、接客マナー失格だ。

社内のどこに何があるかは、そこで働いている人なら熟知しているが、客は当然わからない。そのための案内なのだから、**勝手知ったる場所だからとスタスタ歩いていってしまうのは厳禁**。相手の足音を確かめつつ、ゆっくり進むようにしよう。

社内を案内するときは、**客の左斜め前を歩くのが基本**。斜め前に歩くのはもちろんお尻を直接客へ向けないため。大多数の人は右利きなので、客が何かをしようと右手を動かしたとき、ぶつかってしまわないよう、左斜め前を歩く。斜めになっていれば視線の端に客が映るので、様子を見ながら歩くこともできる。

一方、**階段を上るときは、相手に先を歩いてもらう**。これは、客を見下ろさないためであり、相手がもしつまずいたり踏み外したとき、少しでも支えになるためだ。

他にも気をつけたい、案内時の注意点

・エレベータでは、「先に乗って、後から降りる」

エレベータでは、まず案内する人が先に乗って「開」ボタンを押して客を通し、出るときは客を先に降ろす。その際、万が一に備えてドアは手で押さえる配慮を。

・入室の順序は、ドアの開閉の仕方で変わる

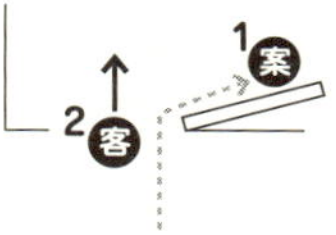

ドアが押して開けるものであれば、先に案内者が入って、客を通す。

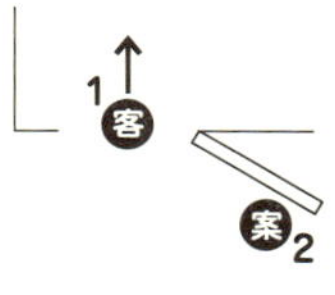

ドアが手前に引いて開けるものなら、案内者はドアを開けて先に客を通す。

check!

訪問先でお茶をもらうのは当たり前？

タブー度
うっかり度

訪問先では、相手がお茶を出してくれる場合が多いだろう。しかしこのお茶、「出してもらって当たり前」と考えていないだろうか。当たり前と思って、お礼もいわないようでは、社会人としてというより、大人《おとな》失格だ。

お茶は、**訪問への感謝をこめて出してくれるもの**だ。たとえ自分が客の立場であっても、**自分からねだったり強要するものではない**。そう考えれば、お礼の気持ちも自然と湧くというものである。

お礼は「すいません」や「どうも」ではなく、きちんと「ありがとうございます」を。そのほうがお茶を出した側も気分がいいだろう。

ちなみに、出されたお茶を全部飲みきっていいのかどうか、特に女性は悩むところだろう。全部飲み干していると、「意地汚くみられていないか」と気になるものだ。しかし、これは飲みきってしまって構わない。お茶は相手の好意なのだから、すべて飲むことで好意へのお礼を示すことができるだろう。

また、出されたお茶が苦手なものだった場合でも、少しは口にするよう心がけたい。まったく手をつけないのは、相手の好意を無駄にしていて、失礼である。出される前に「コーヒーにするか、お茶にするか」を聞かれたら、遠慮なく飲みたいほうを答えれば良い。

その際も「コーヒーでいいです」のように「コーヒーとお茶しかないのだったら、しょうがないからコーヒーで」といったニュアンスを与えないよう、言葉にも気をつけること。

「ありがとうございます、コーヒーを頂けますでしょうか」ぐらいはいえるようになりたい。

check!

相手の関心をひくためには、こんな話し方ではダメ！

タブー度

うっかり度

会社に入った、1本の電話。

「はい、こちら○○社でございます」

『あ、もしもし。お忙しいところすみません。私□□社という電化製品のレンタルを行っている会社なんですが、本日お電話いたしましたのは、御社ではコピー機やFAXなどお使いだと思うんですが、それらを買われると非常に高いと思うんですよね、そこで弊社では……（以下延々と続く）』

こんな一方的に話しだすセールスに出くわしたことがあるだろう。話を聞くにしても断るにしても、こちらが口を挟む隙がまったくなく、困ってしまった人もいると思う。

なんとか「あの、すいません。弊社ではそういったものはお断りしておりますので……」と伝えることができても、『そうですか。ただやはりですね、レンタルですと…

…（以下延々と続く）』と再び一方的トークが始まってしまい、切るに切れず、自分の仕事ができなくてイライラしてくる。相手も仕事なのでしかたがないとは思いつつ、迷惑な思いも否めないものだ。

営業や商談での話し方に関しては、それぞれ会社でマニュアルもあることだろう。一概に「こうしなさい」ということはいえない。しかし、相手に「もっと詳細を聞きたい」と思わせるには、冒頭の例のような**一方的な話し方では良くない**。

緊張していたり、話したいことが多いと、つい一方的になりがちだが、営業や商談は、**相手の意見があって初めて成り立つ**もの。相手の声を聞きながら話を進める余裕と配慮を持つようにしたい。

また、逆に話を聞く立場では相槌の打ち方に注意。「はあ」「はいはい」などとやる気のない相槌を打っていては、相手に失礼だ。「はい」は1回、もしくは「ええ」というのがいいだろう。

check!

へりくだることは、良くもあり悪くもある

タブー度 ●●
うっかり度 ●

客先の責任者を接待することになった。相手はとてもエライ人なので終始緊張しきり。へりくだった姿勢でいれば失礼もないだろう、とお店に入ってまず一言こういった。

「汚いお店ですみませんが……」

あなたが接待された相手にこのようなことをいわれたら、どう思うだろうか。多くの人は「だったら別の店にすればいいのに」と感じるのではないだろうか。

相手を敬う気持ちを高めるために自分をへりくだるのは、効果的な方法だ。敬語が相手を敬う「尊敬語」と、自分をへりくだる「謙譲語」とに分かれていることからも、理解できるだろう。しかし、**へりくだりすぎはよくない**。

プライベートでも、「いや、ホント、君と比べたら自分はダメだからさぁ」などと毎日のように繰り返す友人がいたら、うっとうしく感じないだろうか。悪気はなくても「それならちょっとは努力すれば？」などといいたくなってしまう。

冒頭の例のように、自分が店を決めて接待するなら、「ここは○○が美味しいお店なんですよ。お気に召していただければ良いのですが」と、自分が自信を持ってすすめられる店であることをアピールしつつ、「気にいってもらえればいいけど」とへりくだる。こうすれば、接待相手も「ああ、自分のために美味しいお店を探してくれたんだな」と印象も良くするはずだ。

ポイントは「絶対に気に入ると思います！」などと決めつけないこと。

身近な例で、訪問先で手土産を渡す際の常套句「つまらないものですが……」がある。これも自分をへりくだった言い方だが、最近では「つまらないと思うなら渡さなければいいのに」と思われる風潮があり、好まれる言い方ではないようだ。「**よろしければ召し上がってください**」とすると、好感度が高い。言葉ひとつで大きく印象が変わるので、ぜひ注意してみてほしい。

check!
□

うまくいかないからと、こんな態度を取ってはダメ！

タブー度 

うっかり度 

営業や商談中、なかなか話がまとまらずに、ついイライラしてしまうことはあるだろう。「こっちがせっかく妥協してやってんのに、何でＯＫしないんだ」などと心の中で愚痴をいい始めても、それを顔に出さないのが大人《おとな》である。

「じゃあいいです」と商談を打ち切ってしまったり、「何でダメなんですか」と逆ギレするようでは、社会人以前に大人《おとな》失格だ。

会社内での地位がどんなに下でも、客先に出向けば会社全体の代表であり、会社の顔でもあるわけだ。先の例のように、上手くいかない商談の場で逆ギレするようなことがあれば、今後この相手からは仕事の誘いもこなくなるだろう。そうなれば、会社全体の損につながってしまうのだ。

また、会社に入り、**給料をもらっている以上、その日の気分に任せて仕事をするようなことは、ぜひとも慎みたい**。恋人と喧嘩したなどというプライベートの感情を仕事に持ち込むのは、もってのほか。こんなことを仕事がはかどらなかった言い訳にされても、誰も認めてくれないのだ。

子どもではないのだから、仕事は仕事、プライベートはプライベート、しっかりスイッチの切り替えをできるようにしよう。

会社とは大勢の人が集まった組織。全員が連携して初めて成り立つ場で、一人気分屋がいると、この連携は乱れてしまう。社内でも、気分屋の人に調子を合わせ続けてくれるような、親切な人たちはそういないはずだ。

check!

忘れ物は社会人として最大のタブー！

タブー度

うっかり度

他人から見て「だらしないなあ」と思うことのひとつが**忘れ物**だ。

「自分は小さい頃から忘れ物の多い子で」……などと言い訳が通用すれば苦労はないが、残念ながらそんなものは社会では通用しない。

初めて行った取引先で名刺がなかったとなれば、印象が悪いし、プレゼンの席で資料を家に忘れたといえば、社員はみな「やる気あるのか？」と思うだろう。

仕事で使うものの多くは、「忘れたら借りればいい」「買えばいい」というものではないので、普段から注意を怠らないようにしたい。社会人としての基本中の基本だ。

check! □

やっぱり多い！面会中の携帯電話のタブー

タブー度

うっかり度

大事な面会や会議の最中、携帯電話が鳴り出してしまった……。という場面によく遭遇する。慌てて電話に出て「失礼しました」と面会を再開することが多いが、これはもちろんやってはいけないこと。

面会中は、その人とのやりとりが最優先。大きな音で着信音が鳴ることで、会話そのものや双方の緊張感が途切れてしまうし、電話に出ることは、面会より電話のほうが大事と取られてしまい、大変失礼にあたる。

「面会中に音が鳴らなければいいよね」とマナーモードにしておく人も多いが、**バイブ音も意外と響くので、電源は切っておく**のが最低限のマナー。その間にかかってきた電話やメールは、訪問先を出てからチェックしよう。

check! □

親しくなると陥りがちなタブー

タブー度 

うっかり度 

長く付き合いがある業者や営業マンとは、友達のように親しくなることもある。気心知れた間柄ならば、業者間の裏事情を教えてもらったり、お得な情報をいち早く収集できたりとお互い有意義な存在となりえるだろう。

そんな人のところへ出向いたときは、つい話もはずんでしまいがちである。それでも仕事の話をしていればいいが、だんだんわき道へ逸れ、仕事とは関係ない話で爆笑していることがある。このような、**用が済んだ後の長居は禁物**だ。

仕事ついでにちょっとした世間話をする程度なら、双方の関係を良くするためにもいいことだ。しかし、それも度が過ぎると「あなたは仕事に来たの？　おしゃべりしに来たの？」と思われてしまう。

また、自分は特に予定がなくても、相手は来客や外出の予定があるかもしれない。話をしていたらお客さんがやってきて、「すいません、これから打ち合わせがあるので……」などと帰されているようでは、かっこうがつかない。

相手が何もいわないから大丈夫だろうなどと一人合点せず、**用が終わったらすみやかに退出する**よう心がけたい。

仕事に関係のない話をしている時間、これも**貴重な就業時間**であり、**給料が発生している**。これを「楽して給料をもらえてラッキー」などと考えるようでは、社会人失格である。

あなたが他社でおしゃべりをしている間、自社にいる社員たちは一生懸命働いているのだ。彼らから見たら「いい加減にしろ」と思われてもしかたがない。

check!

いつまでも学生気分ではいられない！時間厳守のマナー

タブー度
うっかり度

忘れ物とならび、社会人としてもっともタブーなことのひとつが「**遅刻**」である。

学生の頃は授業に遅れても、注意され成績に反映される程度だ。周囲に迷惑をかけているわけではないので、あまり危機感がないが、社会人になってからも「大事な会議に遅れた」「訪問先へ約束した時間に間に合わなかった」ということがあれば、それは即「**自身のイメージダウン**」になり、「**会社のイメージダウン**」となる。

決められた時間で行動することは、**社会人のマナー以前に人としての常識**である。

会社は、「遅刻をしないで当たり前」と思って社員を採用しているのだから、遅刻をしたときの評価は当然厳しいものとなる。あまり遅刻を繰り返しているようでは、「この人はダメだ」と見切られてしまうだろう。

仕事で外出するときは、訪問先に「5分前」をめどに到着したい。早すぎると相手の支度ができておらず、かえって迷惑となる。道や路線はしっかり事前にチェックをし、万が一電車が遅れていた場合のために、他のルートも考えておくといいだろう。それでももし遅刻してしまいそうなときは、早めに相手へ「どのくらい遅れるか」を連絡する。「時間になっても客がこない、連絡もない」というのは、信用をなくすと同時に「事故に巻き込まれたのでは」と心配をさせてしまう原因ともなる。

相手のことを気づかって行動できれば、自然と遅刻もなくなるはずだ。

訪問時間へ間に合わせることはもちろんだが、**毎日の出社も時間厳守**だ。朝が苦手で起きられない人もいるだろう。しかし社会では、それは「甘え」と取られる。目覚まし時計をいくつもセットしたり、家族に協力してもらったりして、遅刻防止に努めたい。

翌日仕事があるなら遅くまで出歩かない、家にいても早めに就寝するといったことも、いまさらのようだが気をつけなければいけない。

check!

敬語の基本

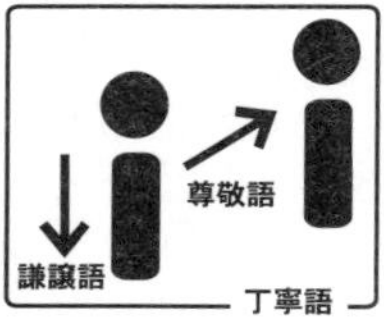

難しそうに思える敬語だが、基本は3つのみ。相手に使う【尊敬語】、自分をへりくだる【謙譲語】、言葉を丁寧にする【丁寧語】。

この基本をしっかり覚えよう。

尊敬語と謙譲語の使い分け

	尊敬語	謙譲語
いる	いらっしゃる	おる
する	なさる	いたす
行く	いらっしゃる・おいでになる	まいる・うかがう
来る	いらっしゃる・お見えになる	まいる
言う	おっしゃる	申す
食べる	召し上がる	いただく
見る	ご覧になる	拝見する
聞く	お聞きになる	お聞きする・うかがう
知る	ご存知である	存じ上げる
借りる	お借りになる	拝借する
読む	お読みになる	拝読する
くれる	くださる・賜る	差し上げる
もらう	お納めになる・もらわれる	いただく・頂戴する

やってはいけない!

電話 手紙 メール 編

電話応対は誰の仕事?

タブー度 ●●●
うっかり度 ●●

社員にとっては電話応対も重要な仕事だ。だが、電話が鳴っても誰も受話器を上げないことがまれにある。これでは、仕事をなまけていると見られてもしかたがない。

会社にかかってくる電話は、ほぼ仕事に関するものである。取引先からの連絡、客からの問い合わせなど、どれもが大事な用件だ。しかし、自分の仕事に集中しているのか、単に出るのが面倒なのか「誰かが取ってくれるだろう」という気持ちでいる人が多い。

誰かが取ってくれるだろうと無視していても、周りの社員が本当に手の離せない状況ならば、電話は取られずじまいで切れてしまうだろう。「通話中でもないのに、業務時間中に電話に出ないとはどういうつもりなのだろう?」と相手に思われたのでは、信用ガタ落ちだ。

さらに男性の中には未だに「電話は女性が取るもの」と思っている人もいる。確かに声の柔らかい女性のほうが、電話応対には向いているかもしれない。実際、コールセンターなどは女性のスタッフがほとんどだ。しかし、だからといって**電話応対がすべて女性の仕事だというのは見当違い**である。電話応対専門の社員がいないのなら、**社内の電話応対は、社員全員の仕事と認識すべきだろう**。「**出られる人が出る**」これが基本だ。

何コール以内で出るかは、会社で決まっていればそれに従う。決まっていなくても3コール以内で取るよう、心がけたい。

電話は、**誰が取るかが重要なのではなく、早く取って相手に親切丁寧な対応をすることが重要**なのだ。

check!

「電話の相手には上司も呼び捨てで」が通用しないケースとは？

タブー度

うっかり度

電話応対は「かけてきた相手に敬意を払い、自分の上司を呼ぶときは敬称をつけない」と教わった人も多いだろう。しかし、これが当てはまらないケースがひとつだけある。

それは、**社員の家族からの電話**だ。

A部長の奥さんから電話がかかってきた。が、部長は外出中。そんなときに、

「申し訳ありません。Aはただいま席をはずしておりまして……」

と答えるのはマナー違反なのだ。なぜダメなのか。

これは、「部長と部下の関係」と「部長と部長の奥さんの関係」では、どちらがより

深い関係かを考えれば、一目瞭然である。そう、もちろん、家族である奥さんとの関係のほうが深いのだ。

自分が家族の会社に電話をかけて、「○○は外出中でして」と呼び捨てにされたら、「うちの大事な家族を呼び捨てにするなよ」と思うだろう。

社員の家族からの電話のときは、たとえ部下の家族からであっても「○○さん」と敬称をつけて呼ぶのがルール。

電話をしてきた相手だけでなく、その家族である社員にも同等の敬意を払うと考えれば良い。

ややこしいが、日常的によくある場面だけに、上手く使えるようになりたい。

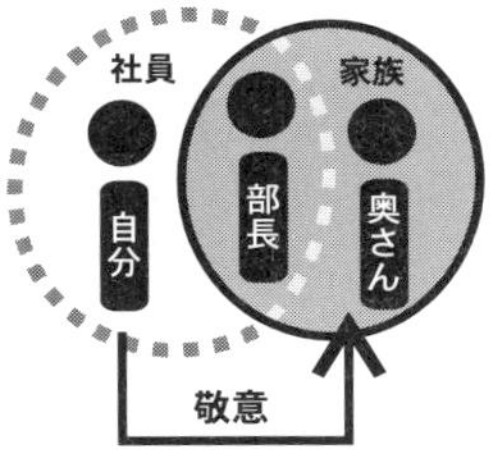

check!

社員の家族からの電話を取り次ぐときは、家族全体へ敬意を払うと考えよう。

電話が聞こえにくいとき、こんなことをいったらアウト！

タブー度

うっかり度

ときどき、雑音がひどかったり、どれだけ音量を上げても相手の声が小さいことがある。こんなとき無意識に、

「もう少し大きな声でお願いできますか」

などといっているようでは、電話応対が上手いとはいえない。電話が聞こえにくいのは、電話機の調子・かけている場所の雑音・声量など、さまざまな要因があげられるが、他からの電話がちゃんと聞こえていると、無条件で相手が悪いと決めつけがちだ。しかし、会社への電話には「**どんな相手からどんな内容の電話でも丁寧に応対**」することが基本だ。

「もっと大きな声でお願いします」というのは、**たとえ言葉が丁寧でも命令**だ。しかも電話が遠いのを相手のせいと決めつけているようで、大変失礼である。

こういう場合は、まずは「**申し訳ございません**」「**恐れ入りますが**」と詫びて、「**お電話が遠いようなのですが……**」という。

これなら、相手のせいではなく「電話のせい」ということにしてしまえるので、失礼にはならない。覚えておくと便利な言葉だ。

このとき、こちらは聞き返されない限り、あまり大きな声を出さないように。向こうにはちゃんと聞こえているかもしれないし、ことさら大きな声で話せば、相手は年寄り扱いされていると感じるかもしれない。

顔や動作が見えない分、言葉や声の調子で気配りをしよう。

クッション言葉を使いこなそう

クッション言葉とは、話の前に置いて、調子を和らげるもの。本文のように、何かをお願いするときや意見をいうときは、「申し訳ございません」「恐れ入りますが」と一言加えるだけで、物腰が柔らかくなり、丁寧な印象を与える。

「よろしければ」「お手数おかけしますが」「失礼ですが」など、シチュエーションに応じて自然と使えるようになるといいだろう。

check! □

電話の切り方にもルールがある！

タブー度
うっかり度

電話応対に関してはどんな職場でも「丁寧に応対しなさい」と教えられるだろう。電話に出た人が、その会社の「顔」になるからである。

ところが、電話口での話し方は非常に丁寧な人でも、意外に気にしていないことがある。それは、電話を切る際の受話器の置き方だ。

「そんなもん、相手には見えないんだから気にすることないんじゃない？」と考えている人は、ぜひこれを機にあらためてほしい。

家に間違い電話がかかってきたとき、「間違えました」と一方的にガチャンと切られると、何だか無性にムカっとくることがないだろうか。「間違えました」といってくれるだけマシかもしれないが、そう思ってもムカっとしてしまうのは、乱暴に受話器を置いたときの「ガチャン」という音にある。

受話器を置くときの「ガチャン」という音は、相手が受話器を下ろしていない限り、しっかり届いてしまうのだ。音が乱暴だと、「ああ、雑に受話器を置いたんだな」と想像がつく。そこから相手の態度も読み取れ、ムカっとしてしまう。

会社で電話応対するときは、たとえ忙しくても、**「受話器を置くまでが電話応対」**と意識しよう。「やっと長話が終わったよ」とでもいいたげに、挨拶もそこそこに**ガチャンと切るのは禁物**だ。

相手が受話器を置く音が聞こえてから自分も切るようにすればいいが、相手も同じことを考えて切るに切れないようでは気まずいので、話が終わったら数秒間を置き、それから**静かに受話器を下ろす癖をつける**といいだろう。

他にも気をつけたい
タブーの電話応対

・取り次ぐときは保留ボタンを

すぐ変わるからといって、保留ボタンを押さず、受話器も手でふさがずに取り次いでいては、相手に会話が筒抜けになってしまう。
必ず保留ボタンを押し、念のため受話器を手でふさぐ癖をつけるようにしたい。

check! □

電話を受けるときに忘れてはいけないこと

タブー度

うっかり度

電話応対の際、受け答えに注意することはもちろんだが、もうひとつ大事なことがある。それは「**メモを取る**」こと。電話でのやりとりは、面と向かって話すのとは違って、聞き取りづらいものだ。伝言を頼まれたら、まずはしっかりメモを取ろう。聞きづらいところがあれば、きちんと確認をする。聞き終わったら、復唱して相手に確認してもらおう。面倒くさがらず念入りに対応しよう。

メモの基本は5W1H

伝言内容は、「When=いつ」「Who=誰から」「Where=どこで」「What=何を」「Why=なぜ」「How=どうするのか」を、しっかり聞いておくことが重要だ。

check!

電話相手に教えてはいけないこと

タブー度

うっかり度

同僚のAさんに電話が。しかしAさんは外出中。「折り返しかけさせましょうか？」と聞くと、「大事な用なので急いでAさんと連絡を取りたい」とのこと。そんなとき、「ではAの携帯番号をお教えしますので、そちらにおかけください」

と答えるのはマナー違反だ。**本人の許可なく携帯の番号を教えるのはプライバシーの問題に関わる。**

「Aに連絡をとり、そちらへ連絡するように伝えます」と応対しよう。

check!

それは会社の電話で済ませること?

タブー度
うっかり度

友人たちとの飲み会の幹事を任されたが、忙しくて店に予約を入れていない！　そんなとき、会社の電話でちゃっかり店に予約を入れたりしていないだろうか。こんな人は社会人として失格だ。

最近のオフィスは、自分のデスク専用の電話・パソコンを完備しているところがほとんどである。しかし、これはあくまでも「仕事用」であり、プライベートに利用していいわけではない。**会社の電話やメールで私用の連絡を取るのは、マナー違反**だ。

店に予約を入れるだけなら数分もかからないが、その数分にも電話代が発生し、支払うのは会社である。また、私用の電話をかけていて回線がふさがっていたら、仕事に支障が出る。私用電話は、必ず自分の携帯電話や公衆電話を使うこと。これは社会人として当然のルールだ。

電話をかけるなら、休憩時間に外へ出てかけること。社内で、しかも**勤務中に携帯電話で話をするなど問題外**だ。

電話同様、職場の**メールを私用で使うのもタブー**。

今年1月、職場のパソコンを使って、大量の私用メールを使用していたという理由で解雇された教師が、「解雇の判断は重すぎる」と訴えていた裁判で、「解雇は妥当」との判決が出た。電話と違い、パソコンでのメールは周囲にばれにくいせいか、ついつい使ってしまいがちである。しかし、メールを書いたり読んでいる時間も「勤務中」であり、給料が発生していることを考えると、先の判決も当然であろう。

また最近は、携帯を使って勤務中に株取引をする人が増えているという。いくら株価を常時をチェックする必要があるとはいえ、勤務中にまで携帯を広げているのはいただけない。「会社のパソコンでやってるわけじゃないから」などといっていると、いつ首を切られても文句はいえないだろう。

「職場にいる時間」は「仕事をする時間」であることを忘れてはいけない。

check!

電話中のその姿勢はタブー！

タブー度 ✕
うっかり度 ●●●

「電話の良いところは、相手が見えないから、気楽な格好で話せること」という人は多いはずだ。だが仕事中もこの調子ではいけない。

社内で電話をしている人を見てみると、椅子にふんぞり返りながら話している人が多い。そんな人たちの電話の応対を、じっくり見てほしい。だらけた格好で電話をしていると、何と声までぞんざいに聞こえるのだ。逆にキチンとしている人を見ると、姿勢はしっかりと伸び、目の前に相手がいるかのように頷いたりお辞儀をして話している。それだけ、電話の相手とのやりとりに集中している証拠だ。

だらけた様子が伝わると、**応対した本人はもちろん、会社の印象も悪くなってしまう。**張り切って大声で話す必要はないが、せめて**姿勢を正して相手の話に集中する意識を持とう。**

check! □

「仕事に関係ない電話だし」は大間違い！

タブー度

うっかり度

家にセールスの電話がかかってきたとき、あなたならどういう応対をするだろうか。ぶっきらぼうに「そういうのは結構です」といってガチャンと切っている人が多いだろう。会社でも同じような応対をしていないだろうか。

前にも書いたが、仕事中の電話は、出た人の応対がそのまま「会社のイメージ」となる。そのため、**ぞんざいに応対することは厳禁**だ。相手がセールスでも同様である。

セールスの場合は、こちらが会社だとわかってかけている。そこへぶっきらぼうな応対をされたら、「ここは社員の教育がなってない」「イメージが悪い会社」とインプットされるだろう。そんな噂が一人歩きしてしまっては大変だ。

くどいようだが、**電話を取った人が「会社の顔」**。責任を持ってしっかりした応対をしたい。

check!

カメラ付き携帯電話のタブー

タブー度 

うっかり度 

今では「カメラ付き携帯を持っている」という人が多い。手軽に写真が撮れるのは便利で楽しいが、手軽な分、さまざまな問題も引き起こしている。中でも近年深刻な問題となっているのが「**デジタル万引き**」だ。

「デジタル万引き」とは、書店やコンビニで本・雑誌の一部をカメラ付き携帯で撮影すること。少しの記事のために1冊買うのがもったいないと、カメラで撮影していく人が急増しているのだ。経験のある人も多いのではないだろうか。

現在、この行為を取り締まる法律はない。つまり、「雑誌を撮る＝犯罪」ではない。だが、**買わずに情報を手に入れるのは、現物を盗む「万引き」と同意**だ。多発すれば、当然書店は本が売れなくなり、厳しい思いをする。こういったことまで考えることができれば、自然と撮影などしなくなるだろう。犯罪ではないが、**モラルが問われる問**

題なのだ。

撮影することは犯罪ではないと書いたが、撮影した画像をインターネットに公開したり、メールに添付すると、著作権や肖像権といった権利に抵触するおそれがある。これは、買った雑誌なら大丈夫という問題ではない。

買った雑誌に掲載されているモデルの写真がかわいいので、みんなにも見てもらいたいと携帯のカメラで撮影して無断でインターネットで紹介することは、モデルの肖像権を侵害し、モデルを撮影したカメラマンの「その写真に対する著作権」をも侵害することになるのだ。

最近はウェブサイトやブログで日記を公開する人が増えてきたが、写真をアップロードする際には充分気をつけたい。

check!

携帯電話にかけるときに、気をつけなければいけないこと

タブー度 

うっかり度 

新人が営業先へ電話したが「外出中のため、携帯へかけてもらうよう言付かっております」といわれたようで、本人の携帯へかけ直している。その応対を聞いてみよう。

「……○社のAです。いつもお世話になっております。あの、先日の発注のことでご相談なんですが……」

もしこんな調子で話していたら、気配り不足。どこがいけないか、わかるだろうか。

「『あの、』という言い方がよくない」などと答えている人は、この新人と同じ失敗をしているに違いない。

正解は、「**相手の状況をまったく気にしていないことがよくない**」だ。

ここで注目すべき点は、「相手は外出中なので携帯に」といわれたので携帯へかけているところだ。外出中ということは、電車や車に乗っているかもしれない。または誰かと面会中かもしれない。

つまり、電話に出られないかもしれないということだ。「出たから大丈夫なんじゃないの？」と思っているようではいけない。相手はとりあえず電話に出て、「今移動中なので」「今面会中でして」と断るつもりだったかもしれないのだ。それを遮って、一方的に話されたのでは、相手は困ってしまう。

そもそも、他社の人の携帯へは「いつも外回りで会社にいない人」か「よほど急ぎの用事ですぐ連絡が取りたい場合」でない限り、電話をしないのが基本。臨時用ツールだと考えればいいだろう。

向こうから「携帯に」といわれているなら別だが、そうでないなら伝言を頼むか、帰社時間を聞いてかけ直すべきである。

必要にせまられて携帯へかける際には、必ず「**今、お時間よろしいでしょうか？**」と尋ねるのが礼儀。もしダメなら、都合のいい時間帯を聞いてかけ直すようにしよう。

check! □

携帯電話はそもそも何をするもの？

タブー度

うっかり度

最近の携帯電話にはありとあらゆる機能が備わっていて、「携帯とお財布さえあればどこにでも行ける」という人も多いのではないだろうか。

ビジネスの場でも、「手帳やメモ帳がなくても、携帯にアドレス帳はあるしメモ機能もあるから大丈夫。荷物が多くなるのは嫌だし」という人がいるかもしれない。

しかし、**仕事で携帯電話に頼りすぎるのは禁物**だ。

たとえば打ち合わせ中に、相手が携帯電話を取り出してカチカチとボタンを押し始めたら、あなたはどう感じるだろうか。

相手は、ただ打ち合わせで決まったことをメモ帳機能に記録していただけ。でも傍から見たら「仕事中にケータイ？」と思うだろう。

記録している内容を覗くわけにはいかないので、余計「なにしてんの？　この人」

という思いは否めない。

問題は見た目だけに収まらない。

「携帯をトイレに落としてしまった！」「電池パックが壊れた！」というトラブルにあったとき、**中に入っているデータの保証はできない**のだ。デジタルデータは、検索や管理が楽というメリットはあるが、消えてしまったときの回復が困難というデメリットもある。

携帯電話のデータはバックアップを取るという習慣があまりない。データが消えてから「バックアップ取っておけば良かった〜」では遅いのだ。見たいときにバッテリーがなくなって確認できないということもあるので、仕事中のメモは、**手帳などにしっかり手書きで残しておく**ようにしたい。

ちなみに、携帯を時計代わりにしている人も多いが、時間を確かめるたびに携帯電話をポケットから出しているのでは、せわしなくて仕方がない。営業など外出する機会の多い人は腕時計をするようにしよう。

check!
☐

着信音ひとつにもタブーがある

タブー度

うっかり度

重要な商談を任され、取引先にて緊張の面会中。足元に置いていたカバンから、いきなり大きな音でお笑い芸人の「♪電話だよ〜ん」の声が。驚きで会話が止まる一同。

自分の携帯の着信音だと気づいた彼は、

「すっ、すいません!!」

慌てて止めようとして、立ち上がったときに机にぶつかりお茶をこぼし、さらに足元のカバンを取ろうとして椅子をひっくり返している……。こんなことがあったら、大失態ものだ。取引先も「おいおい、コイツと仕事して大丈夫なのかよ……」と思うことだろう。

これはリアクションも相当問題だが、携帯の着信音も大きな問題である。

そもそも、面会中に携帯の電源を切っておかないことがマナー違反なのだが、仕事中に鳴る着信音がお笑い芸人の声で「♪電話だよ～ん」では、あまりにもふざけすぎている。

仕事用の携帯電話は、会社から支給されている人もいるだろうが、多くは、自身の私物を兼用している。プライベートなときであれば、自分の好きな曲だろうがウケ狙いの音であろうが構わないが、その設定のまま仕事で使うのは考えものだ。

面会相手がフレンドリーな人で、「あー、これ○○ですね。私も好きなんですよ」などと乗ってくれればいいが、そんなことはめったにないだろう。

プライベートと仕事で同じ携帯を使うなら、**出社前にマナーモードに切り替え、面会に出る際は電源を切る**。これが基本だ。

ちなみに、音には注意がいっても、あまり気にしていないのが携帯ストラップ。

特に女性は携帯本体より重いのではないかと思うほど、じゃらじゃらとストラップをつけているが、その携帯を仕事で使うのはいただけない。音と違い、見た目からよくないので、「この人は仕事に対する姿勢がなっていない」と思われるのは必至だ。

シンプルなものを1つつける程度にしておこう。

check! □

意外と気にしていない、携帯電話をかけるときの落とし穴

タブー度

うっかり度

他社での打ち合わせが終了し、携帯電話で会社に連絡。しかし、電話を受けた社員には雑音ばかりで、よく聞こえない。

「もしもーし？　電話遠いんだけどー」

などとやっているうちに、結局電話が切れてしまった。

受けた社員は、向こうからかけてきたなら用事があってのこと、またかかってくるだろうと待ってはいたが、かかってこない。

一方、電話をしたほうは「帰ってから報告すればいいか」と諦めてしまっていた。

そんな中途半端なことでは、社会人としての自覚が足りないといっていいだろう。

会社に電話するということは、何かしらの用事があってのこと。「今打ち合わせが終

わりました。これから帰社します」というのも、立派な用事だ。ビジネスの場では**まめな連絡が仕事の効率を上げ、社員同士の連携を深める**のである。

そんな連絡は、**伝わってこその連絡**。電車のホームや人の多い店内など、雑音の多いところでの電話は、聞き間違いや伝え間違いが生じやすいので控えるようにしたい。

また地下での連絡も電波が悪いので要注意。

携帯電話には、相手が話す声を大きくする受話器音の設定や、車の音のような雑音をシャットアウトする「ノイズキャンセラ機能」を搭載しているものが多い。ぜひ活用しよう。

もし電話中に電波が悪く切れてしまった場合の対処法だが、それが**自分からかけた電話なら必ず自分からかけ直す**べき。相手からかかってきた場合でも、電話番号がわかるならかけ直す姿勢を見せるといいだろう。

携帯電話で連絡をするときは番号通知をONに。

相手に自分の携帯番号を知られたくないと、非通知設定にしている人も多いと思う。

しかし、仕事でかける場合は、番号通知の設定をONにするべし。非通知でかけていたら、相手の信用も得られないだろう。

まめに携帯でやりとりする人なら、早めに番号を登録しておく。

check! □

敬称は「様」だけじゃない！

タブー度
うっかり度

取引先の会社へ手紙を郵送するとき、宛名書きはどうすればよいか。

① **○○社　様**

② **○○社　御中**

答えはもちろん「**○○社　御中**」。「様」は個人に宛てるときの敬称、「御中」は会社など、団体に宛てる場合に使う敬称だ。

メールが普及して手紙を出すことが少なくなったとはいえ、この程度のことを誤るようでは、社会人失格である。

とはいえ、敬称のルールは書き慣れていないと意外に難しい。たとえば、○○社の営業部に送る場合は「○○社営業部　御中」、しかし営業部のAさん個人に宛てる場合は「〇〇社営業部　A様」となり、「御中」は使わない。

チェーン店の全店店長への連絡文書など、同じ内容の手紙を多数へ送る場合は「**各位**」を使う。「各位殿」「各位様」とは書かない。

さらに、よく聞くがわかりづらいものに「**気付**」と「**親展**」がある。

「気付」は、ある団体（または個人）を経由して手紙を渡したい場合に使う。身近な例としては、作家宛てのファンレターの宛先がそうだ。本の奥付に「□□社気付　B田C子先生」などと書いてあるのを見たことがあるだろう。これは、「□□社を通してB田先生に渡してください」ということである。B田先生は、出版社に出向いて受け取ったり、出版社から送ってもらってファンレターを読むのだ。

「親展」は、必ず本人に開けて欲しい場合につける。請求書や申込書など、個人情報に関わるものがその対象だ。

会社で出す手紙の宛名書きを間違っていると、その会社全体の恥となってしまうので、ぜひ気をつけたい。

check! □

往信ハガキのタブー

タブー度

うっかり度

結婚式の招待状や同窓会のハガキを送るときは、「往復ハガキ」を使う。差出人が用件を書く「往信用」と、相手が返事を送るための「返信用」が一続きになっているハガキだ。

このハガキ、もらうことはあっても、こちらから送ることはそう多くないのではないだろうか。

Aさんは同窓会の幹事を務めることになり、往復ハガキでクラスメイトへ連絡を出した。しかし、戻ってきた返信ハガキのひとつに、こんなことが書いてあった。

「自分の名前に『様』つけちゃダメじゃん」

Aさんは、返事を書く手間を少しでも省いてもらおうと、返信用の宛先、つまりAさん自身の名前に「様」をつけて発送していた。親切心のつもりだったことが、マナー違反になっていたのだ。

往信ハガキに限らず、封書に「返信用封筒」を同封する場合も、**自分の宛先には「様」ではなく「行」または「宛」をつける**のがマナーだ。

自分の名前に「様」をつけては、「なんだこの人、エラそうだな」と思われてしまう。

返信する人は、「行（宛）」を傍線で消して、「様」に書き換える。また送り先が会社などの場合は「御中」とする。

これは、返信する側のマナーだ。

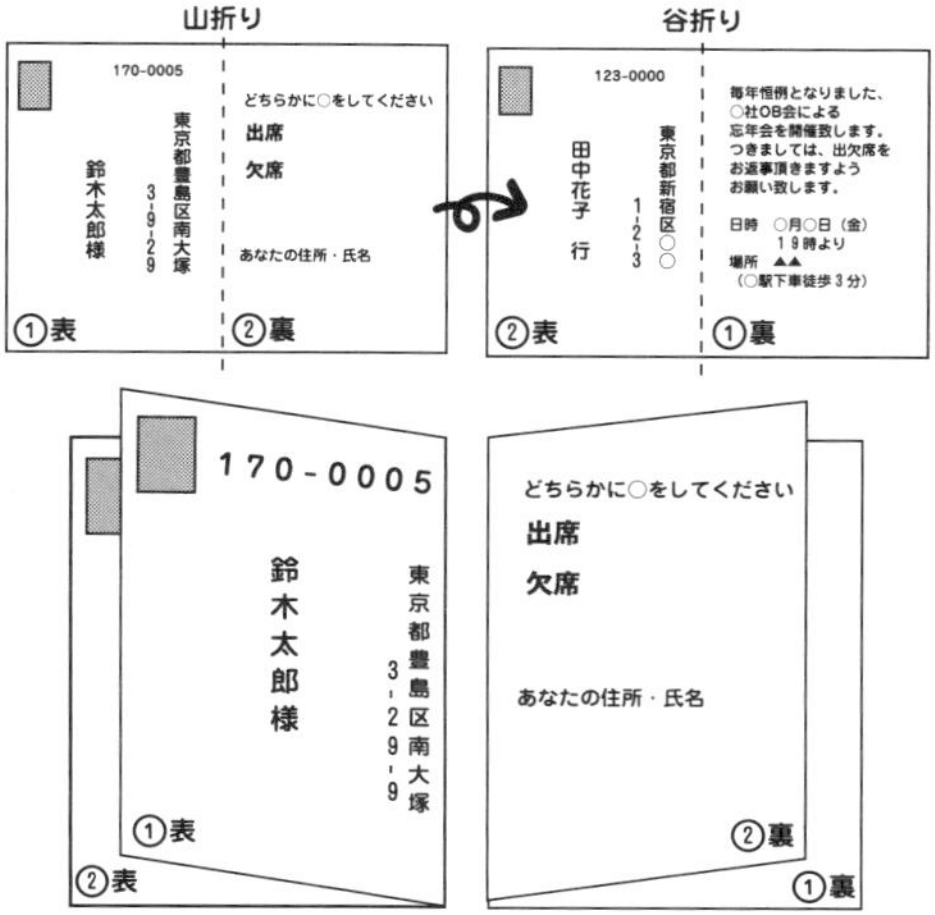

check!

往信ハガキの書き方。送るときは半分に折って投函し、半分を切って送り返す。

間違いやすい、頭語と時候の挨拶の関係

タブー度

うっかり度

顧客へ手紙を出すことになったAさん。手紙などめったに出さない彼は、とりあえず丁寧に書こうと、

『前略　新緑の候ますますご繁栄のことと……』と本文を始めた。

出来上がった手紙を、近くにいた先輩に見てもらったところ、呆れたような顔をして「これじゃダメだよ」といわれてしまった。

なぜダメのか、わからない人はきっと同じ失敗をしているだろう。

手紙には、本文に入る前に記す「頭語」とそれに準じた末尾の語「結語」があり、頭語の次には季節の言葉（時候の挨拶）を添えるのが基本。Aさんは頭語と時候の挨拶の存在は知っていたが、**頭語の選び方をミスしていた**。

一般的な手紙に使うのは「拝啓」（結語は「敬具」）、そして「前略」（結語は「草々」）。

これらは同じ「頭語」ではあるが、意味はまったく違う。Aさんはそれを知らずに、たまたま知っていた「前略」で始めてしまったのだ。

「拝啓」は、「謹《つつし》んで申し上げます」という意味で、相手に敬意を示すもの。その後に時候の挨拶を入れて、本文を始める。

一方、「前略」は「取り急ぎ申し上げます」という意味で、至急の場合などに用いる。文字通り「**急いでいるので、本文の前（＝挨拶）を省略させていただきます**」というのが、「前略」の役割だ。つまり、**前略の後に時候の挨拶を入れるのは間違い**なのである。曖昧な覚え方をしていると、思わぬ恥をかいてしまうことがあるので気をつけよう。

頭語と結語の種類

【拝啓＋敬具】

一般的な形。女性は結語を「かしこ」としても良い。

【謹啓＋謹白】

拝啓より丁寧な形。「謹」はつしむという意味。

【前略＋草々・不一】

本文にもあるとおり、「急ぎのため時候の挨拶を略します」という意味。

【拝復＋敬答】

もらった手紙に返事を出すときに使う形。

check! □

これでは社会人失格！メール文書のタブー

タブー度

うっかり度

『それでは、明日2時にお伺いします(^^)』

取引先の担当者にこんなメールを送っていたら、翌日から「ダメな人」と見られることは必至だ。

私用のメールなら、どれだけ絵文字やギャル文字を使ってやりとりしようと、当人たちの自由である。しかし、仕事のメールでも絵文字を使っているようなら、もう一度就職活動からやり直したほうが良い。

直接会って話したり電話するのと違って、メールや手紙は言葉だけで内容はもちろん気持ちまでも伝えなければならず、慣れないと非常に苦労する。言葉が思いつかずに、ついプライベートなメールで多用する絵文字や「(笑)」でごまかしがちだ。

しかし、さきほども書いたように、絵文字はあくまでもプライベート用。仕事や目上の人にメールを出すときは、しっかり言葉で説明するようにしたいものだ。

絵文字とは異なるが、メールには文字に色をつけたり、大きさを変えることのできる「HTML」形式と、それができない「テキスト」形式がある。

テキスト形式はどのメールソフトでも自由に閲覧できるが、HTML形式は、相手がHTML形式を読みとれる設定にしていないと、文字化けしたりして読めない。

ウィルス防止のためにHTML形式に設定していない会社も多いので、必要がない限りは、テキスト形式で送信しよう。

check!

意外に知らない、添付ファイルのタブー

タブー度 

うっかり度 

現場視察で撮った写真を送ってほしいと、取引先から頼まれた。そこで、撮ってきた写真のデータをそのままメールに添付して送信。しかし、しばらくしてメールソフトを開いたら、出したはずのメールがエラーで戻っていた。アドレスは合っているのに……。こんな経験はないだろうか。

理由は、**添付ファイルの容量が重すぎて受信拒否**されてしまったため。

容量の大きいデータを一気に送信すると、相手は、メールの受信に時間がかかってイライラしているかもしれない。それに相手側のインターネット回線がそのデータを受け取ることで手一杯になってしまい、社内で使っているネットワークに影響を及ぼすことがある。この事態を回避するため、「10MB《メガバイト》より重いものは受信拒否」などと設定しているところは多い。先の例はまさにそのパターンだったのだ。「ＭＢ」といわれてもピンとこないかもしれないが、一般的に使われているフロッピーディスク1枚に入る容量が１・４４ＭＢと考えると、かなり重いことがわかるだろう。

添付ファイルの容量の上限は、相手のサーバーにもよるが、１００〜２００ＫＢ《キロバイト》（１ＭＢ＝１０００ＫＢ）ぐらいが目安。それより重くなるようなら、ファイルを「圧縮」するソフトを利用し、容量を小さくする。圧縮ソフトは、インターネット上で無料で配布されているものもあるので、簡単に手に入れることができる。

また、自社のサーバーにアップロードして、相手にダウンロードしてもらう方法、ＣＤ―Ｒにコピーして郵送するという方法もある。相手の都合を考慮して、使い分けられるといいだろう。

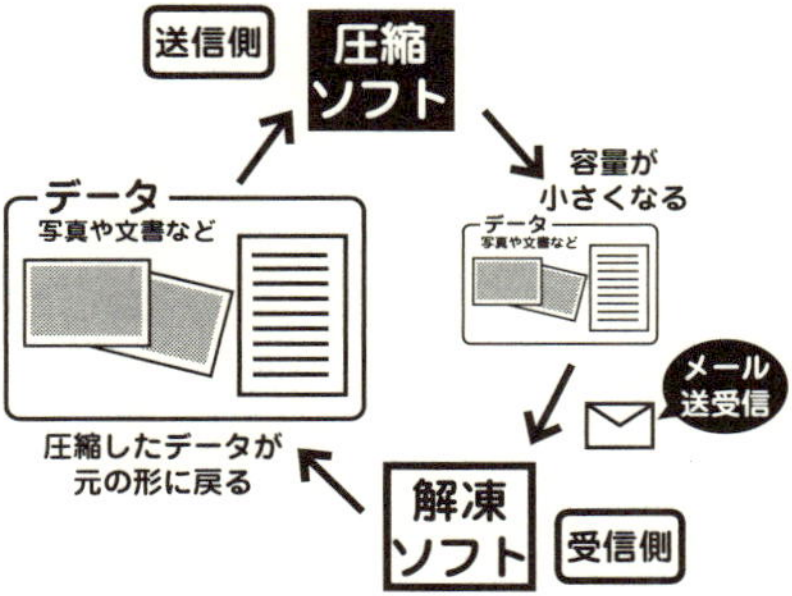

データの圧縮と解凍の流れ。

check!

それはメールで済ませる用事？

タブー度
うっかり度

取引先の担当者へ、今日中に返事がほしい急ぎの用があったAさん。しかし用件が複雑なため、電話では説明できるか心配、そして何より面倒だったので、メールで用件を送信。相手の返事を待った。

しかしそのとき、相手の担当者は一日中社外の現場で仕事。上司に許可をもらっていたので、会社には戻らず現場から直帰していた。

翌日、出社した担当者は自分のパソコンを立ち上げ、メールをチェックしてびっくり。昨日送信されたAさんのメールには「今日中にご連絡ください」と書いてあるではないか。

あなたにも、こんな経験があるかもしれない。

メールは、相手の予定に関係なく、素早く届けることができる便利なツールだ。しかし、相手がパソコンをチェックしない限り、届いていても伝わらないというデメリットもある。

さきほどの例のように、相手が一日中会社にいないこともあるし、いてもメールチェックをできないほど忙しい場合もある。便利ではあるが、**緊急のときには不向きな**のだ。

直接会ったり電話したりするのは緊張して苦手……という人は、ついメールを多用してしまいがちだが、仕事の相談や突っ込んだ話をしたいときには、電話や面会して直接やりとりをするほうが望ましい。メールでは文面ですべてを読み取らねばならずに、誤解が生まれやすく、文章を書く時間も、読む時間もかかるからだ。

緊急だけど添付したいものがあるといった場合は、メールした後に「**今○○の件でメールをお送りしましたのでご確認ください**」**と確認の電話を入れる**といいだろう。

check!
□

間違いやすい！メールと手紙での「挨拶」の違い

タブー度

うっかり度

ある日、インターネットで見つけた会社へ、問い合わせのメールを出した。

『株式会社○○　御中

拝啓　新緑の候ますますご盛栄のこととお慶び申し上げます。私、□□株式会社のAと申します。………』

こんなメールを出しているようでは、勉強不足といえるだろう。メールの場合は「**拝啓**」**で始まる挨拶文は省略**するのが基本だ。

メールは用件を「早く」「安く（切手代など）」そして「簡潔」に送るためのツールである。心をこめてしたためる手紙とは違い、**早さと利便性が重視**される。そのため、長々と書いて容量を増やす必要はなく、**用件のみを簡潔に書けば良い**のだ。

check!

やってはいけない！

社内編

ねぎらい言葉のタブー

タブー度
うっかり度

上司が外出先から戻ってきたとき、あなたは何と声をかけているだろうか。

①「**ご苦労様でした**」
②「お疲れ様でした」

②と答えた人は正解。

「えー、「ご苦労様」じゃダメなの？」という人は多いだろう。「ご」や「様」がついているから丁寧に見えるが、実は誤りなのだ。

「ご苦労様」とは、人へ労をねぎらう言葉。それなら上司に使ってもいいのでは？と思うかもしれないが、「ねぎらう」という言葉を辞書で調べてみると、『同等以下の人の苦労・尽力などを慰め、感謝する。』（三省堂「大辞林 第二版」）とある。

つまり、**ねぎらうことそのものが「目下への行為」**なのだ。したがって、「ご苦労様」

は誤り。ただし「お疲れ様でした」も、意味を考えると「ご苦労様」同様相手をねぎらっているので、厳密にいうと誤りではある。だが、何もいわないのはもっと失礼だし、読んで字のごとくの「ご苦労様」よりいいのでは、ということで、目上の人には「お疲れ様」を使うのが一般的となっている。

上司も、帰ってきて何もいわれないよりは、「お疲れ様でした」の一言ぐらいほしいと思っているはずだ。きちんと挨拶ができるという意味でも評価してくれるだろう。

もし、自分の仕事を上司が代わりにやってくれたのであれば「お疲れ様」ではなく「申し訳ございません」「ありがとうございました」と言い換えられるようにしたい。

なお、郵便配達の人や荷物を運んでくれた宅配便の人へは、相手が年上に見えても「ご苦労様」で構わない。

check!

他社の人を呼ぶときの注意点

タブー度 

うっかり度 

取引先の会社の社長と話をするとき、「A社長様」などと呼んでいないだろうか。

より丁寧にと思い、そう呼んでいる人が多いかもしれないが、実はこれ、厳密にいうと誤りなのだ。

社長や部長、課長という役職名には、すでに敬意が含まれている。

つまり、「A社長」だけで「A様」と同様の意味を成していて、「社長様」は「**社長＋様**」**の二重敬語**という状態だ。二重敬語は「やりすぎ」の感じが否めず、場合によっては皮肉のようにも取られてしまう。したがって、名前がわからないで呼ぶときは「社長」だけで構わない。

名前がわかっているなら、「〇〇社長」もしくは「〇〇様」と呼べば良い。

しかし実際には、「社長様」「部長様」といった言い方は割と浸透していて、いわれても不快に思わない人が多いようだ。

飛び込み営業の場合は、相手の名前を知らないことが多い。そういったとき「社長」だけだと、呼び捨てのようで嫌だなあと思えば、様をつけて呼んでもいいだろう。

本人に会ったら名刺交換をするなり相手の名前を聞くだろうから、そうしたら「○○様」と呼ぶように切り替えれば良いのだ。

万が一「社長様とは何事だ」と怒られても、「丁寧に呼んだのにどこがいけないんだ」などと逆ギレしないように。

二重敬語

敬語表現が複数含まれること。本文にもある「社長様」という言い方は、それだけで敬意を示す「社長」に「様」がついた二重敬語。

また、よく間違われるものに、「お召し上がりください」がある。これは「お」＋「食べるの尊敬語・召し上がる」の二重敬語だ。正しくは「召し上がってください」。


check!

日常の言葉と仕事中の言葉

タブー度

うっかり度

上司「○○社へ営業に行ったんだね、どうだった？」
新人「ぶっちゃけダメって感じですね」
上司「……どこがダメだった？」
新人「なんか担当者のAさんって人が、超感じ悪い人で。“ああ、こりゃダメだな”みたいな」

新人がこんな口調なら、上司は「お前の方がダメじゃねえか」と嘆くに違いない。採用しなきゃよかったと内心思っているだろう。

「ぶっちゃけ」「～みたいな」「超」といった「若者言葉」は、プライベートで何気なく使っているため、会社でもついうっかり出てしまいがちだが、だらしない印象を与えるので使うのはタブー。仕事と遊びのけじめをしっかりつけよう。

check! □

会社の機器とのつきあい方

タブー度

うっかり度

コピー機やＦＡＸ、パソコンなどの機械を使いこなすことも、仕事のひとつである。しかし**自己流で使っていたり、問題を解決しないままでいるのはタブー**。いつか大きなトラブルを招いてしまうだろう。

一揃えの書類を「５人分コピーしておいて」と頼まれても、ソート機能（並べ替え）を知らずに、１ページ目を５枚コピーしたら次は２ページ目……コピーが終わったら一部ずつ手作業で振り分けて……などとやっていたら、たった５人分の資料を作り終える前に日が暮れてしまう。仕事にも支障が出るのだ。

会社の設備はどんどんデジタル化が進んでいて、最初は大変だと思う。しかし、ひとつの機能を覚えるだけで作業時間が大幅に短縮できるし、ミスプリントや紙詰まりといった無駄も防げる。しっかりと覚えるようにしよう。

check! □

休暇のタブー

タブー度 ●●●
うっかり度 ●

連休に有給休暇を足して、友人と海外旅行を計画。楽しみは膨らむばかりだが、会社への休暇届は出しただろうか？

前日になって、「すいません、明日と明後日旅行に行くので休ませてください」といったら、上司は間違いなく「なんでもっと早くいわないんだ！」と怒るだろう。

こうした突然の休みは、他の社員の迷惑になるので、やってはいけない。

急な病気や怪我、家族の不幸などであればしかたがないが、あらかじめ計画していた予定なら、**早めに休暇届を出すのが常識**だ。

届けの出し方は会社により異なるが、「いつからいつまで、何のために休むか」を上司に伝え、申請する。

しかし、**早めに届けさえすれば大丈夫というわけではない**。

「有給休暇は社員の権利なのだから、いつどう使おうと社員の勝手」と思っているようでは、まだ社会人としての自覚が足りないといっていい。

仕事が忙しい時期に休みを取れば、その分他の社員が大変になるのは目に見えている。年末や期末など、あらかじめ忙しいとわかる時期には、休暇を控えるのがマナーだ。夏季・冬季休暇も、実家暮らしの人や帰省予定がない人は、帰省する人の日程を優先させるなど、他の社員と休みを調整する配慮を見せたい。

休暇届が受理された後は、休み中の仕事をどうするか、よく確認しておくことも必要だ。急なものは休み前に済ませ、引き継げるものは引き継いでおく。

また休んでいる間に会社から電話がかかってくるのは嫌かもしれないが、緊急に備えて、携帯は常備していること。また他に連絡先があるなら、そちらを伝えておくことも忘れずに。

休み明けには上司に「休暇をありがとうございました」と一言ほしい。

check!

□

健康管理のタブー

タブー度 

うっかり度 

1年間「無遅刻・無欠席・無早退」を続けると「皆勤賞」がもらえるという会社は多いだろう。よく考えれば、無遅刻・無欠席・無早退などは社会人として（学生としても）当たり前のことなのだが、うっかり風邪をひいてしまったりして、「皆勤賞」への道は意外に険しい。

そんな皆勤賞を目指しているのか、単に仕事が大好きなだけなのか、どんなにひどい風邪をひいていても会社へ来る人がたまにいる。

そんな人を見て、あなたならどう思うだろうか。

「あんなに体調悪くても仕事するなんてエライなあ」

と思う人もいるだろう。しかし、

「うつされたら嫌だなあ」

と思う人のほうが多いのではないだろうか。

そう、頑張ることは良いことなのだが、周囲を気にしないで頑張りすぎるのは考え物なのだ。

皆勤賞を設けている会社は、もしかしたら「風邪ぐらいで休むなんて」という風潮があり、休みにくい環境かもしれない。そういった会社では、入ったばかりの新人は特に休みづらいものがあるだろう。

しかし、体調が悪いときに仕事をしても効率は上がらないし、ミスを犯す要因ともなりかねない。また、咳やくしゃみが止まらないような状態で1日中社内にいたら、他の人に風邪を移してしまう可能性は非常に高い。

「このぐらいの不調がなんだ」と頑張る姿勢はいいが、無理は禁物。**しっかり休んで体調を整えることも、社会人としての大事なマナー**なのだ。

休むほどではなくとも、咳やくしゃみが出るようなら、見た目など気にせずキチンとマスクをしていくことも忘れずに。

通勤時の満員電車は空気が悪く、風邪をもらいやすいので、体調が良くてもマスクをしていくなど、徹底した自己管理が必要だ。

check!

欠勤の連絡をするときの注意点

タブー度 

うっかり度 

前項にも書いたが、高熱を出してしまった、ひどくおなかが痛い……というときは、無理せず休養を取って、早く治すことも社会人としてのマナーである。

ただしその場合は、「休む」「病院へ行ってから出社する」旨を会社へ連絡しなければいけない。無断欠席や無断遅刻は、あなたの評価を下げるだけなく、「事故にでも遭ったのか」と不要な心配までかけてしまうからだ。

とはいっても、起き上がるのもツライときは、電話一本入れるのも大変だ。一人暮らしなら這ってでも電話をかけるしかないが、家族がいる人は、つい「お願い、苦しいから会社に休むって電話して～」と頼んでしまいがちである。

しかし、これは社会人としてやってはいけないこと。

上司が厳しい人だと、電話をかけたときに、何かいわれるのではないか、「仮病だ」と思われたら嫌だなあなどと考えてしまい、なかなか自分で電話を入れにくいかもしれない。

しかし、子どもではないのだから、**自分が勤めている会社への連絡ぐらいは自分でする**のがマナーである。親がかけてきたら、会社も「本人が出られないほどヒドイのですか？」と心配するし、欠勤なら欠勤で今日の仕事の引き継ぎなどを確認しなければならない。これは本人が電話しなければ伝えられないだろう。

意識が朦朧としている、救急車で運ばれているといった緊急事態なら話は別だが、できる限り自分から、始業時間までに電話するようにしよう。

また、体調ではなく電車やバスが遅れたという場合も、始業時間になってから電話をするのではなく、始業までに「どのくらい遅れるか」をキチンと連絡すること。その際、鉄道会社やバス会社が発行する「遅延証明書」をもらうのを忘れずに。

check! □

こんな挨拶じゃ社会人失格！

タブー度
うっかり度

出社してもペコペコと頭を下げるだけ。何かをしてもらったときに「ありがとうございます」がいえない。帰るときも「それでは……」などと、モゴモゴした挨拶しかしない。こんな人は案外多い。

挨拶は、社会人のマナー以前に人としての常識である。誰もが、小さいときから両親や学校で教えられているはずだ。

きちんと挨拶ができると、それだけでその人の印象は格段に良くなる。会社のような上下関係のハッキリした場所では、特にその効果を発揮するだろう。ポイント稼ぎのためではなく、心をこめて挨拶をするよう意識すれば、そのうち自然ときれいな挨拶ができるようになる。

ちなみに「おはよう」や「こんにちは」はいえても、意外といいにくいのが「ありがとう」ではないだろうか。英語では「ありがとう（thank you）」と「すみません（sorry）」を使い分けているが、日本人は謝罪するときも感謝するときも「すみません」を使ってしまいがちである。なんだか照れくさい、と思っても、**感謝を述べるときこそ「ありがとう」**が出れば、相手も嬉しいのではないだろうか。ぜひ自然に「ありがとう」がいえるようになってほしい。

ところで、電話の相手や来客に対して「どうも」と挨拶する場面によく出くわすが、これは誤り。「どうも」は、感謝や謝罪の言葉につけて意味を強調するための語で、**単独では挨拶として機能しない**のだ。馴れ馴れしい印象も受けるので、やめたほうがいいだろう。

おじぎの種類

挨拶とともに、おじぎも使い分けられるようになると、好感度が上がるだろう。基本は３パターンだ。

会釈
直立の姿勢から15度頭を下げる。軽い挨拶。

敬礼
直立の姿勢から30度頭を下げる。一般的な挨拶。

最敬礼
直立の姿勢から45〜90度頭を下げる。最も丁寧な挨拶。

check!

自分のお金と会社のお金の使い分け

タブー度
うっかり度

出先の移動でタクシーを使うところを、歩いて移動した。訪問先が近かったりすると、こういったケースはよくある。時間にさえ間に合うなら、健康的でいいことだ。

しかし、問題は帰社した後の交通費精算。

「自分1人だし、大した額じゃないからわからないよね」などといって、乗っていないタクシー代まで請求していないだろうか？

他にも、立て替えた費用を水増し請求したり、先払いしてもらった費用のお釣りがうやむやになっていたり……。少額だからといってルーズになっているようでは、社会人失格、それどころか警察沙汰の問題である。

テレビで、「5000万円着服」「1億円横領」といったニュースをよく見かける。先ほどの例は規模は違えど、やっていることはこれと同じ、つまり**犯罪**なのだ。会社のお金を自分のものにすることは、額に関係なく「横領罪」が適用される。

いきなり大きな額をごまかしたり、絶対にばれないよう方法を工夫するなど、悪質なことは恐くてやれなくても、交通費や備品の購入など普段のちょっとした精算は甘く見がちだ。一度簡単にごまかせると「なんだ大丈夫なのか」「このぐらいならいいか」と悪い癖がついてしまう。

たとえ1回のごまかしが100円程度だったとしても、10回やれば1000円、100回やれば1万円と、結局多額になっていくのだ。

もし自分が、誰かに同じように金銭の貸し借りをごまかされていたら、非常に腹が立つに違いない。相手の人格を疑うだろう。会社も同様なのだ。平気で請求を水増ししてくるような社員は、社会人として以前に人としての人格を疑われ、会社には置いておきたくない人間と判断されるだろう。「大した額じゃないし」が命取りとなる。

自分のお金は自分のもの、会社のお金は会社のもの。けじめをつけて、しっかり自己管理しよう。

check! ☐

備品管理のタブー

タブー度

うっかり度

トイレに入ったら紙がないので用具室を見ると、トイレットペーパーのストックが山積みされているのを発見。

そういえば、家のトイレも紙がなくなりそうなんだよな……。そんなとき、「1個くらいなら」と、ちゃっかりお持ち帰りしていないだろうか。

会社には、文房具や清掃用品、お茶などさまざまな備品が存在する。これら多くの備品は、業務用を注文してストックがたくさん置いてあるものだが、あくまでもすべて「会社用」であり、「どうぞご自由にお持ち帰りください」ではない。

ペン1本、トイレットペーパー1個くらい、値段にしたらほんの数百円である。

しかし、その数百円を払っているのは会社であり、あなた自身ではない。会社で使うトイレットペーパーをあなたが自腹を切って買うことがないように、**会社はあなたが自**

宅で使うトイレットペーパーを買ってはくれないのだ。

備品を勝手に持ち帰ることは、早い話が**泥棒**だ。

しかし実際は、ペン1本ぐらいで警察に突き出すような会社は皆無だろう。割に合わない上に「盗みを働く社員がいる会社」というマイナスイメージを植えつけたくはないからだ。せいぜい、上司のお叱りを受ける程度だろう。

とはいえ、あまりに常習だったり、高価なものや個人情報、社外秘の情報をこっそり持ち帰っていた場合は見逃してくれない。特に個人情報、社外秘の情報といったお金で解決できないものが関係している場合は、その処罰も厳しいものとなるはずだ。

家で仕事をしたいので持ち帰りたいという場合も、「何をいくつ借りて、いつまでに返却するか」をきちんと上司に報告するのが鉄則だ。

check!

整理整頓は社会人の基本

タブー度

うっかり度

最近は、社員の席が決まっていない会社が存在する。毎日席が変わるので、より多くの社員とのつながりが深まるなど、メリットは色々とあるようだ。

しかしこういった会社はまだ目新しく、現在も席が決まっている従来の形が主流だ。自分の席が決まっていると、最初はキレイだった机も、だんだん山が形成されていく。よく使う資料やファイルなどを、いちいち取りにいくのが面倒になって、自分の机に置いたままになっている人も多いのではないだろうか。

しかし、これは当然だがマナー違反である。

「**出したものは元の場所に片づける**」。これは子どもの頃、親から口をすっぱくしていわれたことである。幼稚園に入っても、小学生になっても、当たり前のように注意される。しつけの基本といってもいいだろう。

しかし、大人になってもこの「しつけの基本」が守れない人は意外に多い。ついつい「面倒だな」「どうせまた使うし」とそのままにしていて、気がつけばぐちゃぐちゃになっている。

そもそも会社の資料や備品は、置く場所が大体決まっているが、これは社員がみんなで使うから、わかりやすいように決めているのである。

それが一人の机で根を張ってしまうようでは、他の社員は使いたいのにまず「探す」ことから始めなくてはならなくなり、非常に迷惑する。探して出てくればいいが、ゴミと一緒に外へ出てしまったなどということがあれば、一大事である。

会社内、そして自分のデスクは自分の部屋ではないのだ。しっかり整理整頓を心がけたい。

check! □

情報漏洩のタブー

タブー度

うっかり度

帰宅途中、電車で大学時代の友人とバッタリ。お互い社会人になってからはなかなか連絡も取れず、久しぶりの再会に話もはずんだ。

「仕事どう？」

「すごい忙しいよ。今度、初めて大きなプロジェクトに参加することになってさ」

「へぇ、すごいじゃん。どんなことやるの？」

「それがさ……」

初めての大仕事が嬉しかったのか、プロジェクトの内容を詳しく話す彼。友人も感心しきりで、話は大いに盛り上がった。

だが、これが後に大問題に発展することがある。なぜだかわかるだろうか。

理由は、「**不特定多数がいる場所で、仕事の内容を話している**」からだ。気がつかなかった人はこれからぜひ注意してほしい。

会社を出ても仕事の話に熱が入るということは、それだけ仕事に情熱を捧げている証でもある。それは大変いいことだ。しかし、彼は同時に「会社や仕事の“秘密”を守れない無神経さ」も露呈してしまっている。

さきほどの電車内での様子を振り返ってみよう。

もし、彼らの近くに同じようなプロジェクトを進めているライバル会社の社員がいたらどうなるだろうか。当然、ライバル会社の社員は彼らの話の内容に感づき、聞き耳を立てるだろう。話の中に、自社に有意義な情報が含まれていたら儲けものである。翌日にはライバル会社の中で電車内での話が広まり、他社に勝つための対策を練るだろう。

このように、何気なく話したことが、思わぬところで思わぬ形に利用されてしまうとも限らないのだ。特に**仕事内容や社員のプライベートな話は、社外で軽々しく口にしてはいけない。**

check! □

字を書くだけでも注意は必要

タブー度
うっかり度

パソコンの普及で、文書や手紙などを手書きする機会はめっきり減った。これは日常生活だけでなく、会社でも同様だろう。

ただ、そうはいっても手書きをする機会がまったくなくなったわけではない。人への伝言メモや手紙の宛名、署名などは手書きがほとんどだ。

封筒に住所を書いていて、「ああ、自分って字が下手だなぁ」と改めて思う人も多いだろう。だが「別に汚くたっていいんじゃない。そんなに書くわけじゃないし」などと思っているようでは、社会人としての自覚が足りない。

手書きするのは、先述したとおり伝言メモや宛名・署名といった、他の人が見るものが多い。人に見せるものを汚い字で書くのは失礼な行為だ。伝言メモの字が読めなくて相手に伝わらないのでは意味がないし、宛名があまりにも雑で汚いと、受け取った人もいい気分ではないだろう。

「そんなことといっても、元から汚いんだからしょうがない」という人は、もうちょっと努力の姿勢を見せてほしい。**元々汚いというのは言い訳にすぎない**のだ。

キレイな字を書く人も、急いで書きなぐれば、読めないほどの字になる。つまり、要は気持ちの問題なのだ。たとえ元から汚いとはいっても、気持ちをこめてゆっくり書けば、ちゃんと字に丁寧さが表れるものだ。

手書きをするときには…

・下書きをする
いきなりペンで書き始めるのではなく、鉛筆などで下書きをするといいだろう。誤字も減り、修正跡で汚くすることもなくなる。ただし濃く書いて消した跡が汚くならないよう注意。
・姿勢を正して書く
書道のときのように姿勢を正せば、自然と緊張感が生まれる。落ち着きも出て、丁寧に書くことができる。

check! □

アフター5のタブー

タブー度 ●●
うっかり度 ●

普段から部下を食事や飲みに誘う上司は多い。仕事中は厳しい上司から何気なく誘いを受けると「本当は優しい人なんだな」と安心できて嬉しいものだ。

だが一方で、「この上司とはあまり行きたくないな」「そういった場が苦手」という人も中にはいる。誘いを受けるたびに「すみません、今日はちょっと……」と言葉を濁して、なんとか逃れようとしている人も多いのではないだろうか。

行きたくない誘いに無理に行ったところで収穫も生まれないが、しかし、だからといってずっと断り続けているのも考えものである。

上司は、部下とスキンシップをはかるために誘ってくれているのだ。それを毎回のように断っているのでは、印象が悪い。印象だけですべてを判断されてしまっては困ると思うかもしれないが、四六時中一緒にいるわけではない相手の性格を知るには、こういった何気ないことも重要なポイントになるのである。

「そんなに俺が嫌か」と思われては、勤務中の関係もギクシャクしたものになってしまうだろう。

終業後はプライベートな時間なので、「上司の誘い＝仕事＝最優先」と考える必要はない。先約があれば、辞退して構わないだろう。ただしその際は「ちょっと……」などと濁さず、「お誘いいただいて申し訳ないのですが、今日は先約がありまして」と、しっかり理由を告げる。

そうすれば上司も嫌な思いはしないはずだ。

のみゅニケーション

取引先や同業者と飲みにいき、さまざまな話をしてコミュニケーションを取ることで、「飲む」＋「コミュニケーション」を組み合わせた造語。

この“のみゅニケーション”を上手に活用することで、今後の仕事がやりやすくなったり、新たな仕事に結びつくといった効果を得ることができる。毎晩のように飲み歩いたり、初対面の人をいきなり誘うのでは仕事の態度を疑われるが、親密な関係を築くために、ぜひチャレンジしてみてほしい。

check! □

報告は社会人の義務

タブー度
うっかり度

一昨日の会議で自分が担当することに決まった仕事のことで、上司が「あの仕事の件だけど、相手には確認した？」と尋ねてきた。

「はい、昨日電話しましたが、向こうも概ねこの案で構わないようです」と答えたところ、上司は急に怒り出した――。

さて、なぜ上司は怒ったかわかるだろうか。わからない人は、きっと自分も同じ失敗をしているに違いない。

答えは、「**昨日電話したことを上司に報告していなかった**」だ。

会社の仕事を遂行するためには、社員間の「連携」が欠かせない。「この仕事は誰がやっている」「いつ商談がまとまったか」といったことは、同じ仕事に関わるすべての社員が把握していないと、混乱やトラブルを引き起こす原因となってしまう。

冒頭のケースの場合、相手先に電話をした時点で、上司に「相手に電話をかけ」、

「相手はこちらが提出した案で概ね賛成である」ことを伝えなければいけない。

さらに、「概ね賛成」ではあるが、「すべて賛成」ではない理由、すなわち「どこに不満があるか」も伝える。

相手の不満を踏まえて修正するか、それとも相手の意見に非があればそれを指摘し、こちらの意見を通すかなど、今後の動きを練り直さなければいけないからだ。短期間で進めなければならない仕事の場合は特に、素早い報告が求められる。

出張から帰ってきたとき、ミスが発覚したとき、体調を崩して欠勤した翌日など、何かがあるごとに、こまめに上司へ報告をする癖をつけよう。

報《ホウ》告
連《レン》絡
相《ソウ》談

「報告」「連絡」「相談」は仕事をする上での必須項目だ。

check!

こんなやり方では誰もついてこない！

タブー度
うっかり度

バリバリのやり手だった人が、同じ業種の会社へ転職。経験者ということで採用された彼は、新しい会社でもこれまでのやり方で突き進んだ。上司にも「この会社のやり方ではダメですよ。前の会社ではこうしてたんですけどね、絶対こうするべきだ」といっている。

さて、こんな人が社内にいたら、あなたはどう思うだろうか。

新人なら「頼れる先輩」と思うかもしれないが、今まで苦労してやってきたことを、入ったばかりの人に「ダメ」と一蹴された上司は、いい気分がしないだろう。

確かに業績を上げるためには「刺激」も必要である。新しい見方が加わることで、大胆な改革もできるからだ。

しかし、「刺激」はあくまでも「刺激」でなければならない。

相手のやり方をすべて否定し、自分のやり方だけを良しとするのは、「刺激」ではなく「乗っ取り」に近い。

「おしるこに塩をひとつまみ入れると、甘みが増しておいしくなる」というのは、有名な話だ。しかし、当然のように塩を入れすぎるとしょっぱくなり、おしることはいえないマズイ料理になってしまう。刺激というのは、この塩のような存在であるのが望ましいのだ。

冒頭の彼が転職した会社には、その会社が培ってきた方法や伝統といったものが存在する。他者から「この会社はここがいいんだよね」といわれる部分もあるだろう。そこを省みずワンマンで行動して、「入ったばかりのお前にこの会社のなにがわかる？」と思われては、いい関係も築けない。

まずは**会社の良さや、やり方をよく知るべき**。そして、あくまでも「自分のほうができるんだ」という見下した態度は控えるようにしたい。

check!

ミスしたときの態度が問題

タブー度
うっかり度

小学校のとき、クラスでトラブルがあると、先生が全員を集めて目を伏せさせ、「やった子は正直に手をあげなさい、出てこなければ全員帰れませんよ」と、犯人を捜すことがあった。誰でも一度は経験があるのではないだろうか。

誰が犯人かは先生と当人しかわからないとはいえ、あの緊張感により、「自分がきちんといわないとクラスのみんなに迷惑がかかるんだ」という責任感が芽生えたはずだ。

しかし、大人になるとその緊張感や責任感を忘れてしまうのだろうか。自分の非を認めたがらない人が意外に多い。

自分の作成した書類に不備があった、と上司がいつも以上に怒った顔でやってきた

とき、つい、

「……いや、自分も関わりましたが、Aさんが最終的に見ているので……」

などと見苦しい言い訳をしていないだろうか。社会人として、これはよくない。

言い訳をしている姿は、傍から見ていても気分のいいものではない。

さきほどの「Aさんが最終的に……」という言い訳も、Aさんからしてみたら「おいおい、俺のせいかよ」と気分を害するに違いない。何とか回避できたと思っても、Aさんには「あいつは責任を人に押しつけるやつ」という印象が残る。その場しのぎの言い訳が、後々まで響いてしまうのだ。最悪の場合、**言い訳やウソがさらなるウソを生んで、物事の収拾がつかなくなってしまうこともある。**

自分のミスはしっかり認めて謝り、自分で責任を取るのが社会のマナーである。

失敗は誰もがするものだ。「怒られるのが嫌」「失敗して自分の株が下がるのが嫌」と、失敗に対して後ろ向きにならず、その**失敗を糧にしてさらに飛躍するぐらいの気持ち**で臨めば良いのである。

check!
□

外出時のタブー

タブー度

うっかり度

先輩に用があったが、オフィスに先輩の姿はない。外出の予定は聞いていないが、一向に戻ってこない。こんなことがあったら、誰もが先輩の安否を心配するだろう。しかしそんな心配をよそに、数時間後ひょっこりと先輩はオフィスに戻ってきて、「え、A社に打ち合わせに行ってたけど」などとさも当然のように言っている。

こんな先輩は、社会人失格だ。

これまで何度も記しているように、会社とは多くの社員が連携しあって成り立っていて、一人が勝手な行動を起こすと、会社全体に影響が出る。

用件があるのにいなかったというのでは仕事が遅れるし、電話がかかってきたときに、どこに行っていつ帰ってくるのかもわからないのでは、電話した相手も電話を受けた社員も困ってしまうだろう。何度もかけ直させてしまったり、何度も詫びたりするのでは非常に気まずい。

出かけるときには「これから○○へ行って参ります。4時には帰社予定ですが、何かありましたら携帯にお電話ください」と、伝えていくのがマナーだ。

トイレに行く程度なら、社員全員に「トイレに行ってきます！」などと大きな声でいう必要はないが、誰かが必ずどこへ行ったかわかるようにはしておきたい。

また帰ってきたときに何もいわないのも、マナー違反。いないと思って電話に折り返しかけさせると答えたが、いつの間にか帰ってきていた、というのでは連絡も混乱してしまう。

帰ってきたときはきちんと「ただいま戻りました」と挨拶するようにしよう。

check!

出社・退出時のタブー

タブー度

うっかり度

営業職など、一日の大半を外で仕事する社員は、終業時間を外出先で迎えてしまうことも多いだろう。そういったとき、あなたならどうするだろうか。

① **遅くはなるが会社へ戻る**

② **終業なのでそのまま帰る**

一旦会社へ戻る人は正しい社会人だ。

外で仕事をするときは出張の場合を除いて、**会社へ戻り報告・交通費の精算などをその日のうちに済ます**のがルールだ。営業ならばどれだけ発注や注文が取れたか、何かトラブルはなかったかといったことを上司や同僚と確認する。

「それぐらいは翌日でもいいじゃないか」と思うかもしれないが、トラブルなど、その日のうちに解決しておいたほうが良いことも多い。他者が関わるなら、なおのこと早目の処置が必要だろう。

また社内に残った社員は、「外回りの社員は帰社するもの」だと思っているので、連絡もなく帰ってこないと、不要な心配をしてしまう。会社ではこまめな連絡が重要だ。

もし始めから直帰するなら、前日までに「恐れ入りますが、明日、○○のために営業先から直帰したいのですが、よろしいでしょうか」と許可を得る。この際、「明日直帰します」と決めつけるのはアウト。基本的にやってはいけないことなのだから、「してもいいか」と尋ねる形で聞く。

直行の場合も、必ず前日までに連絡すること。特に朝は、会議をする会社も多いと思う。当日になって急に直行します、というのは周りの社員の迷惑にもなるので控えたい。会社によっては、直行直帰を許可していないところもあるので、会社のルールに従う。だが、禁止されていないからといって、しょっちゅう直行直帰を繰り返していると、「本当にちゃんと定時で仕事を始めて、定時まで仕事をしているのだろうか」と疑われかねない。

どうしてもというとき以外は、きちんと「会社に出社してから外出」して、「会社へ戻り、報告を済ませてから帰宅」するようにしよう。

check!
☐

「マニュアル人間」のタブー

タブー度
うっかり度

接客業や営業職など、人と接する機会の多い業種には、必ずといっていいほど「マニュアル」が存在する。客とのトークや電話応対などがこと細かく決まっていて、入ったばかりの頃は、誰もがマニュアルを覚えるのに苦労したはずだ。

しかし、勘違いしている人も多いが、**「マニュアルさえ覚えれば完璧」なわけでは決してない**。

陽もとっぷり暮れた頃に店へ入ったら、店員が「いらっしゃいませ、おはようございます」と挨拶していた、すすめられた商品について尋ねたら、テープを巻き戻して再生したように同じことを最初から説明し始めた……こんな経験は誰もがあると思う。

『挨拶は、「いらっしゃいませ」だけでなく「おはようございます」をつけてさわやかに対応』『お客様が納得できるまで親切に説明』とマニュアルに書かれていて、そのまま実践しているのだろうなあと、傍から見ていても感じ取れてしまう。セリフを棒読みしているような状態だ。

もちろん、マニュアルに沿って仕事をすることがいけないわけではない。

しかし社員や店員に求められているのは、マニュアルどおりの型にはまった応対ではなく、**客のニーズや場面に応じた応対**だ。

失敗をしたくないからとマニュアルどおりにしか動けないでいると、客や取引先の信頼も得られない。

ぜひ、「自分が受けたい応対」を考えて、動いてみよう。

check!

上下関係のタブー

タブー度

うっかり度

　新人のAさんに仕事を教えてくれる先輩は彼より年下。先輩は明るい性格で、Aさんは相手が年下ということもあり、タメ口で話すようになった。

　一見すると、仲が良くいいことのように思えるが、これはやってはいけないこと。社会に出ると同様のケースは頻繁に遭遇する。しかし、学生やプライベートなときと違い、会社は年齢がものをいう場ではなく、仕事の実力とキャリアがものをいう場。いくら相手が年下でも、入社したのが早ければ立派な先輩で、後から来た人は年上でも後輩となるのだ。ましてや新人は、仕事を教えてもらう立場なのだから、一歩引いた姿勢で臨まなければならない。

　話すときはきちんと敬語を使い、呼ぶときは「さん」づけ。会社によって違うかもしれないが、これが基本だ。

check!

やってはいけない！

身だしなみ編

性格も疑われる、服装のタブー

タブー度
うっかり度

会社から帰ってきて、スーツを部屋に脱ぎっぱなし、しかも翌日には、脱ぎっぱなしのスーツをそのまま着て出勤……なんてことをしている人は、社会人失格だ。

ビジネスの場では、他人と接する機会が非常に多い。そんな環境において、よれよれのシャツやスーツを着ているようでは、**自身の性格ややる気**はもちろん、**会社の教育姿勢まで疑われかねない**。自身の服装ひとつで、会社のイメージまで下げてしまいかねないのだ。

帰宅したら、脱いだスーツはきちんとハンガーにかけ、型崩れしないようにしましょう。シャツは、ジャケットを羽織れば見えないからと横着がらずに、洗濯したら全体にアイロンをかける。こういったことは日々意識して取り組むことで、自然と習慣になる。面倒がらずに頑張ろう。

check! □

「自由＝何でもいい」ではない！

タブー度

うっかり度

職種によっては服装が自由な場合もある。「服装が自由なところ」を選んで就職先を探した人もいるかもしれない。だが、「自由でいい」からといってどんな格好でも怒られないというわけでは、決してない。

「どこまでが自由か」は、会社によって違うので一概にはいえないが、「見ていてみっともない格好」「仕事がしづらい格好」は、やはり敬遠されるだろう。

だぼだぼのTシャツにダメージ加工のジーンズ、足元はビーチサンダルという格好で他社へ打ち合わせに出向いたら、相手は「だらしない」と思うだろう。

またヒラヒラした服や、ピンヒールの靴で力仕事をしていては、危なくてしかたがない。

「服装は自由」とはいっても、**仕事をするのだという意識を忘れずに。**

check! □

マナー以前の問題！　化粧のタブー

タブー度 ★★★

うっかり度 ★★

電車に乗っていると、せっせとファンデーションを塗り、マスカラでぐりぐりとまつげを上げている女性をよく見かける。

家で化粧してくる時間がないのか、彼女たちは周りの目などまったく気にせず化粧をする。自分の顔を電車に乗っている短い時間でいかに仕上げるか、そればかりに集中しているようだ。

電車で化粧をすることが「いい」か「悪い」か、これは法律で決まっているわけではない。しかし、「他の人に迷惑かけてるわけじゃないからいいでしょう」というのは、思い違いだ。

隣に座った人が、もし化粧品の匂いが苦手な人だったら、彼女たちが化粧をしている時間は拷問である。また、マスカラやアイカラーを塗っているときに、急に電車が大きく揺れて、隣の人の服に色がついてしまったら一大事だ。謝ったところで許してはもらえないだろう。

そういった周りへの迷惑も考えずに、自分の顔を作ることにだけ集中しているのは、社会人としてというより、人としての常識に欠けているといってもいい。あらゆることを想定して行動できるようにならなければ、立派な大人とはいえないのだ。

周囲への影響だけではなく、電車が揺れて自分の目にマスカラが刺さったなどという、聞いているだけで痛い事故の話も聞く。ぜひこの機会に、化粧は家で済ませるようにしたい。

そもそも「スッピンなんて見せられない！」といっておきながら、電車に乗るまでの間はスッピンなのだ……とでも考えれば、「ちゃんと家でやってこよう」と思い直せるはずだ。

check!

それは仕事をする格好?

タブー度 

うっかり度 

終業後デートがあるからと、いつもより派手な服装で出勤してきたAさん。会社は制服がないので、その派手な格好のまま仕事をしている。これを見た上司は少し不機嫌そう。ついには「君はここへ遊びに来ているのかね」と怒鳴った。

終業後はプライベートな時間であり、どこへ行こうと何をしようと構わない。

しかし、**終業までの時間は、あくまでも「仕事中」**。来客を応対している最中は、自身が「会社の顔」である。それなのに遊びに行くような格好で応対をされたら、来客はどう思うだろうか。制服がある会社なら構わないが、そうでない場合は終業後用に着替えを持参するなど、しっかり「仕事中」と「終業後」の線引きをするのが、社会人としてのマナーだ。

check! □

夏場の服装のタブー

タブー度

うっかり度

夏場の外回りは大変だ。ジャケットを脱ぎ、小脇に抱えて移動しているビジネスマンをよく見かけるが、これはしかたがない。が、**訪問先へ着いてもシャツ姿のままではいけない**。相手も見逃してくれるだろう、という甘えは禁物だ。

ビジネスの場では、スーツにネクタイが『正装』である。ジャケットを脱いでいるだけならまだしも、シャツを腕まくり、ネクタイを緩めているといった格好は相手に大変失礼だ。特に夏場は汗をかいて、シャツが濡れている。そんな格好のまま人と会ったのでは、「見苦しい」と思われてもしかたがないだろう。

訪問先へ到着したら、しっかり汗をふき取ってジャケットを羽織り、ネクタイをしめてから中へ入るようにしよう。

check! □

男性の身だしなみ

髪型
短めで清潔感のある髪型。色は会社の規則に従い、自由な場合も自然なブラウン程度に抑える。整髪料は匂いがきつくないものを。

顔・手
ヒゲはきちんと剃る。口臭にも気をつけて。
爪は長すぎない程度に切る。指輪・ピアスなどのアクセサリーは外す。

スーツ
色は黒・グレーなど派手でないもの。シワ、取れかかったボタン、裾のほつれなどがないかチェック。ネクタイもきちんと締めて。

持ち物
鞄はリュックなどではなく、ビジネス用を用意。外出先でも身だしなみが確認できるように、鏡やクシ程度は携帯しよう。

足元
靴は革靴。底の減りや汚れを常にチェック。靴下は、白以外で足首が見えない長さのものを選ぶ。穴が開いているのは問題外。

女性の身だしなみ

髪型
長い人は仕事の邪魔にならないようまとめる。色は会社の規則に従う。自由な場合も自然な色合いにしよう。仕事中の枝毛チェックは×。

服装
仕事のしやすい服装で、華美なもの・肌の露出の多いものは控える。夏場は冷房対策に上着を一枚持っていると便利だ。シワがないか確認。

顔・手
厚化粧は×。化粧崩れがないか注意する。爪は長すぎず、派手なマニキュアはしない。アクセサリーは仕事の邪魔にならないものを。

持ち物
ハンカチや鏡、クシは必須。女性のたしなみとして、制汗スプレーや簡単なソーイングセット、絆創膏ぐらいは持っているといいだろう。

足元
ストッキングが伝線していないかチェック。予備があるといいだろう。靴はミュールやサンダルではなく、パンプスが望ましい。

気をつけたい、匂いのタブー・1

タブー度

うっかり度

朝、会社のドアを開けた途端、鼻をつくような甘ったるい匂い。なんだろう？と思いつつ中に入ると、その匂いは女性社員の香水と判明。彼女が近くにきたとき、思わずむせそうになってしまった。男性も女性も、一度はこんな経験をしたことがあるだろう。

会社内に限らず、電車の中や道を歩いていても、瓶の半分ぐらい使っているのではないかと思うほど、香水の匂いがキツイ人は結構いる。

服やアクセサリーと違い、香水は見た目に影響がないので、仕事のときも使っている人は多い。しかし、目に見えないからこその注意が必要だ。

会社へは遊びに行くのではないのだから、あくまでも**仕事の邪魔にならないよう、**

控えめにつけるのがマナーだ。

「香水＝高級品」というイメージは誰もが持っているので、あまり香水臭いと「鼻についた感じの人」「プライド高そう」といった悪いイメージも与えやすい。

初対面の人と会うときは、女性は清楚なものを、男性は爽やかなものを、それぞれ控えめにつけるといいのではないだろうか。

また、汗の匂いを香水でごまかす人がいるが、これもタブー。

汗の匂いは気にならなくても、香水の匂いがヒドイのでは、何の意味もない。汗の匂いと香水の匂いが交じり合った匂いも強烈なのだ。

香水が誕生した頃には、匂い消しの役目もしていたようだが、現在ではあくまで匂いを楽しむだけのものと認識しよう。

check!
□

気をつけたい、匂いのタブー・2

タブー度

うっかり度

午後の面会中、相手の担当者が顔をしかめることが何度かあった。話ははずんでいるのに、具合でも悪いのだろうか？　でも顔色が悪いようにも見えないし……。

特に何事もなく仕事は終わり、「まあいいか」と、夕方会社へ戻ってくると、隣の席の女子社員が開口一番、「口臭くない？」といってきた。そういわれても、あまり自分ではわからない。

「お昼なに食べた？」

「……えっと、あ！　ギョーザ食べたなぁ」

「やっぱり！　すごいニンニク臭いんだけど」

そこでやっと、面会者が顔をしかめていた理由が判明。資料を見ながら顔を突き合わせるようにして話していたので、口臭が気になっていたのだ。

「ダメだよ、人に会う前にニンニクとか食べちゃあ」

そう周りの社員に笑われてしまった。

昼食に何を食べるかは本人の自由である。そんなことまでこと細かく決めている会社はないだろう。しかし、午後の予定を考慮せず自分の食べたいものをバクバクと食べているのでは、ちょっと自覚が足りない。

午後、人と会う予定があるなら、焼肉やニンニクといった**臭いの残りやすいものは控えるのがマナー**。うっかり食べてしまった場合も、出発前に歯磨きをしたり、口臭スプレーを利用するといった、ちょっとした気遣いが必要だ。

また、食べ物以外にも、歯垢《しこう》がたまっていたり、歯周病《ししゅうびょう》などの歯の病気が、口臭の元となることもある。定期的に歯科検診を受けるようにしよう。

他にも気をつけたい、こんな臭い

・タバコ

衣服や鞄などに染みついたタバコの臭いは、嫌煙者にとってはかなりキツイ。喫煙者はあまり気にならないだけに、注意が必要だ。

・汗

夏場はもちろん、冬場でも混雑した電車に乗った後などは汗をかきやすい。携帯用の制汗スプレーを常備したい。

check! □

ヘアスタイルのタブー

タブー度
うっかり度

入社当時は至って普通の髪形だった人が、突然スキンヘッドで会社にやってきた。

「……ど、どうしたの？　その頭」

「いや、今流行ってるじゃないですか。かっこいいなーと思って」

「それで営業行くの？」

「ええ、ダメですか？」

これは大げさだが、茶髪や目立つ髪型を好まない会社は多い。学生の頃、アルバイトの募集記事に「茶髪・長髪は不可」と書かれていて応募を諦めた人は実際にいるだろう。「髪型くらいで人を判断しないでほしい」と思ったのではないか。

しかし、残念ながら**人の第一印象は見た目が重要なポイント**である。

何度も面会していくうちに「ああ、この人って、見た目はふざけているけど、心は優しい人なんだなあ」と、理解してもらうことはできるかもしれないが、仕事で関わる人すべてと理解してもらえるまで面会することはまず不可能である。

また、髪型や服装に厳しいサービス業は、客とのやりとりがメインの仕事だ。数え切れないほどの客の中には、「茶髪でもスキンヘッドでも構わないよ」という人もいれば「店員が茶髪なんてけしからん」という人もいる。

不特定多数の人に不快感を与えない姿勢を見せるのが、そこで働く者の鉄則なのだ。

会社勤めの人なら、会社の規則に従えば問題はない。

しかし、禁止されていないが他の社員はみな黒髪だったとなれば、「この会社では茶髪を快しと思っていないのかもしれない」と判断する意識も必要だ。

他にも気をつけたい
社会人としての身だしなみ

・アクセサリー
「仕事の邪魔にならない」ものを、さりげなくつける程度で。たくさんのピアスや大きな指輪などはしないように。
・ノースリーブ
基本的には控える。出勤時や帰宅時に暑ければ構わないが、社内では一枚羽織るものを用意したい。
・ミニスカート
膝が隠れる程度が基本。太ももが見えて、男性社員が目のやり場に困るようなものは控えよう。

check!

「地味」と「何もしない」は別物！

タブー度
うっかり度

ビジネスの場でのメイクは「地味目」が基本。だが、**「地味目」と「ノーメイク」はまったく違う**。

化粧っ気がなく、髪もその場でくくっただけという人がたまにいるが、これは見る人に「だらしない」「身だしなみができていない」という印象を与えてしまう。

化粧には人を華やかにする以外に、血色や目の下のクマをカバーして、表情を生き生きさせる効果もある。ファンデーションを塗り眉を整え、口紅をひくぐらいは最低限したいものだ。そして、途中で化粧崩れを直すために、必要最低限の化粧道具は持ち歩くようにする。

また毎朝鏡で肌をチェックして、自然でいい印象を持てる顔にするのも、女性の仕事のひとつといえるだろう。

check! □

やってはいけない！

食事編

荷物はどこに置けばいい?

タブー度

うっかり度

ハンドバッグや携帯電話、煙草をテーブルに乗せたままの人がいるが、これはマナー違反。**テーブルはあくまでも食事をする場**であり、余計なものがあると、食べている最中や店員がサービスするときの邪魔になってしまうので、個人のものは置かないのがルールだ。

店にクロークがあれば、そこへコートや大きな荷物は預け、ない場合にも足元にまとめるようにする。その際は、隣の人の邪魔にならないよう気をつける。

女性のハンドバッグ程度なら、椅子の背もたれと背中の間に置いておけばよい。食事中電話に出たり煙草を吸ったりというのは周囲の迷惑となるので、テーブルの上には出さないでおく。男性ならスーツのポケットに入れておけば良いだろう。

check! □

意外に知らない、乾杯のタブー

タブー度

うっかり度

乾杯のとき、全員とグラスをカチン、カチンと合わせていないだろうか。実はこれ、必ずやろうとするのはかえって迷惑になってしまうのだ。

食事のマナーで大事なのは、「**音を立てない**」こと。食器をカチャカチャさせることはもちろん、乾杯でグラスを鳴らすことも本来は好ましい行為ではない。また、グラスにヒビが入ってしまったら大変な迷惑である。ワイングラスは薄いので、特に気をつけたい。遠くの席の人とまでいちいちグラスを合わせようとするのは、近くの席の人の邪魔にもなる。遠くの席の人が合わせてきたら応じればいい。

check!

こんなにある、箸使いのタブー

タブー度

うっかり度

毎日使っている箸。しかし、正しい使い方ができていない人は多い。やってはいけない箸使いを「**忌み箸**」と呼ぶが、中でもやりがちなのが「逆さ箸」ではないだろうか。

逆さ箸とは、文字通り箸を上下逆さに使うこと。料理を取り分けるときに、口をつけた箸では失礼だからと上の部分を使うが、これがまさに逆さ箸だ。なぜダメなのか、意外に思う人も多いだろう。

そもそも箸は、上の持つ部分を「持ち代《しろ》」、下の口をつける部分を「使い代《しろ》」と呼び、それぞれ「持つ部分」と「料理を取る部分」とで役割が決められている。つまり、そもそも箸の上部は料理を取るようにはできていないのだ。

また、持ち代は素手で持つ上に、テーブルに直置きされていると考えれば、使い代とどちらが衛生的かは一目瞭然だ。

そうはいっても口をつけた箸で分けるのは……と思うなら、取り箸を店の人に用意してもらうといいだろう。

忌み箸には、逆さ箸以外にもさまざまな種類がある（左図参照）。ついやってしまいがちなものばかりなので、ぜひとも気をつけたい。

忌み箸

ねぶり箸
箸を舐めること

移し箸
箸から箸へ食べ物を渡すこと

寄せ箸
箸で器を引き寄せること

刺し箸
箸で食べ物を刺すこと

渡し箸
箸を器の上に渡しておくこと

迷い箸
器の上で箸をウロウロさせること

涙箸
食べ物の汁を垂らすこと

check!

ついやってしまいがち、お椀の間違った扱い方

タブー度 

うっかり度 

和食の店へ行くと、お吸い物の椀物が出てくる。このお吸い物を飲んだ後、あなたはお椀のフタをどうしているだろうか。

お椀に立てかけておく人、逆さにしてトレイに置いておく人などさまざまだが、多いのは「フタを逆さにして閉めておく」人ではないだろうか。「飲み終わりました」という意思表示で、出されたときとは違う状態にしているのだと思うが、実はこれやってはいけないこと。

椀物はフタを元通り閉めておくのが正しい作法なのだ。意外に思う人も多いだろう。

お椀は、漆が塗られ細かい装飾のほどこされた、非常にデリケートな食器である。

裏返して閉めてしまうと、お椀に傷がついてしまうのだ。そのためフタは、出てきたときと同じ状態にしておいたほうが良いのである。

わざわざ少しずらして置く人がいるが、それも必要はない。片づける店員は、手にすれば重さで中が空かどうかぐらいはわかるし、あえて余計なことをしないほうがいいこともあるのだ。

ちなみに、椀物のフタがなかなか開かなくてひっくり返してしまったという人もいるだろう。

こういったときは、片方の手でフタの糸底を持ち、もう一方の手でお椀の縁をはさむようにして軽く押すと、フタが浮き上がって簡単に開く。無理には引っ張り上げないように。

他にも気をつけたい、和食のマナー

・かじりかけのものを皿に戻さない

天ぷらや煮物など、一度かじったものを一口では食べられないからと皿に戻すのはマナー違反。食べきるまでは他の品に手を出さないか、口に運ぶ前に箸で半分に割る。

・刺身のツマは食べてもOK

刺身の下に敷いてある糸のような大根「ツマ」は、口直しのためについているものなので、食べてしまって構わない。

check! □

喫煙のマナー

タブー度

うっかり度

レストランなどで食事中、タバコを吸っている人は多い。

しかし人と一緒に食事をしているときは、タバコは控えるか、最低でも一言断って吸うようにするべきだろう。

勝手にスパスパと吸っているようでは、周りの席の人に「タバコの煙がけむたくて食事がおいしく感じられない」と思われ、ひんしゅくを買うからだ。

自分はタバコを吸いながらでもおいしく食べられるとしても、周囲のことを考えられないようではいけない。

最近は禁煙になっているところも多く、愛煙者がリラックスしてタバコを吸える場所が少なくなっているので、食事のときぐらいは……と考えたくなるのもわからないではないが、ここはぐっと我慢をしたい。

目上の人が一緒のときは、なおさら配慮が必要だ。

上司も喫煙者だから後で吸うだろう、と一人合点し、断りもなくタバコを吸っていたら、上司は「うちの部下はマナーがなっていない」「上司に断りもせずタバコを吸うとは」といい顔をしないに違いない。

コース料理を食べる場合は、食後のコーヒーが出てから、それ以外のときも同じテーブルの人たちが食事を済ませてから、**「すみませんが、タバコを吸ってもよろしいでしょうか？」と一言尋ねて吸う**ようにする。

check!

飲酒のタブー

タブー度

うっかり度

社会人になってすぐの頃は、大学生の延長のような気分で、飲みに行く機会も多い。お互い「どんな会社なの？」「仕事慣れた？」などと話も尽きないだろう。ついつい終電間際まで飲んでしまい、慌てて帰るはめになる。

そして翌日、当然のようにやってくる二日酔いで頭はガンガン、とても起きられない……。と、会社へ電話。

「すいません、体調不良でちょっと遅れます」

こんなことがあるようでは、社会人失格だ。出社して他の社員に「なんか酒臭いよ」などといわれてしまえば、すべてバレてしまうのである。

「体調不良で」は、欠席や遅刻の理由として使い勝手のいい言葉のように取られがちだが、結局は**体《てい》のいい仮病**である。まして、二日酔いは不意の病気ではなく、自己管理で防ぐことができるのだから、欠席や遅刻の理由としては通用しない。

仕事が忙しく、夜ぐらいは息抜きにお酒でも飲みたい、友達と楽しくやりたいという気持ちは誰でも持つだろうが、翌日になればまた社会人の顔に戻らなければならない。このスイッチのオンオフがしっかりできて初めて「社会人」である。

いつまでも学生気分ではいられないのだ。

飲みに行くのは翌日が休みのときだけにする、翌日が仕事ならお酒の量は控えるなど、**しっかりとした自己管理が必要**だ。

覚えておくと便利
二日酔い解消法

二日酔いになってしまったら、アルコールの酸化を早める成分カタラーゼを含む柿が有効。お茶やチョコレートなども効果的だ。また、体の血行を良くするために熱めのシャワーを浴びるのもいい。

ちなみに、効果的と噂される「迎え酒」だが、これは逆効果。迎え酒で酔うことで、一時的に楽になるかもしれないが、時間が経てば、この酒がまた新たな二日酔いの症状を生んでしまうのだ。

check!

やったら恥をかく、食事中の会話

タブー度

うっかり度

飲み会などの席では、酒や食事はもちろん、出席者との会話も楽しみのひとつ。

しかし、いくら話がはずんでいるからといって、**口に食べ物を入れたまま話すのは厳禁**だ。くちゃくちゃと音が立つ上、見た目も汚らしい。あまり繰り返すようだと、「ああこの人は配慮がないんだな」という目で見られてしまう。特に女性は性格や品位を疑われかねないので注意したい。

食事の間は私語を慎めというのではなく、話すなら話す、食べるなら食べるときっちりメリハリをつける。話すときも決してツバが飛んだりしないよう静かに、女性なら口元に手を添えて話すといいだろう。

check! □

ナイフとフォークのタブー

タブー度 ●●
うっかり度 ●●●

レストランで食事中、ついうっかりフォークやナイフを床に落としてしまうことがある。そんなとき、自分で拾っていてはマナー違反だ。

自分で拾った場合、その拾ったフォークやナイフはどこに置けばいいのか。まさかテーブルの上に戻しておくわけにはいかないだろう。たとえ使わないとはいえ、見た目的にも衛生的にも良くない。

もし落としてしまった場合には慌てず、ウェイターに頼んで新しいものと取り替えてもらうこと。その際、居酒屋でのように「すいませーん!!」と大きな声で呼ばないように。他のお客さんに迷惑な上、なにより店内の雰囲気をぶち壊しにしてしまう。軽く手を上げて合図しよう。

check! □

意外に知らない、パスタの正しい食べ方

タブー度

うっかり度

テーブルマナーというものは、とかくルールが多くて覚えにくい。特に間違えやすいのが、パスタの食べ方だ。

多くの人は、スプーンの上でフォークを使いパスタをくるくると巻いて、口に運んでいると思う。しかし、これは本来のマナーではないのだ。そのためパスタの本場、イタリアではパスタを頼んでもスプーンはついてこない。

しかし日本では両方出てくることが多いので、「フォークとスプーンを両方使うのが正しいマナー」と勘違いしやすい。ミートソースやペペロンチーノなど、平らな皿に盛りつけられた汁のないパスタの場合は、フォークだけを使い、スープパスタのように汁気があるパスタの場合のみ、スプーンを使うのが正しいマナーである。

食べる頻度が高いだけに、覚えておくといいだろう。

check! ☐

洋食のテーブルマナー

コース料理のときは、ナイフとフォークが何本もセットされているが、使うのは外側から。

食べている途中で皿を下げてほしくないときは、ナイフとフォークをハの字にしておく。

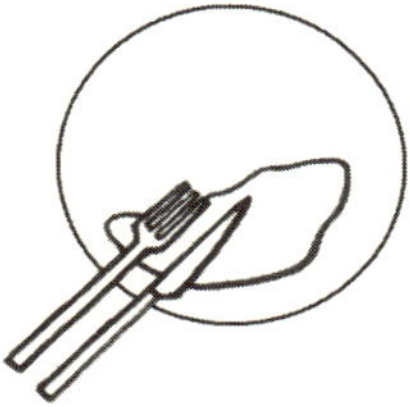

食べ終わったら、ナイフとフォークを揃えておく。店員に「下げてください」と声はかけなくて良い。

「無礼講」の正しい意味、わかってますか？

タブー度

うっかり度

大きな仕事が成功したとき、昇進したときなど、いいことがあったときの飲み会では、上司が、

「おーし、今日は無礼講だ。どんどん飲めよー」

などということがある。こういったときの上司はたいがい機嫌がいい。

しかし、いくら「無礼講だ」といわれても、はしゃぎすぎは禁物。

どんどんお酒を開けて酔っ払い、上司に絡み、日頃の愚痴をぶちまけて上司に説教を始め、挙句の果てには酔いつぶれて上司に介抱されるなどということがあれば、翌日は朝から上司の長い説教を覚悟したほうがいいだろう。

そもそも「無礼講」とは、「**上下関係の堅苦しさを取っ払って、歓談しよう**」という意味であり、決して「何をしてもいい」わけではない。

職場の人との飲み会は仕事の延長と考え、たとえ上司から「無礼講」といわれても、自分が目下であることを意識しなくてはいけない。お酌も進んで行いたい。

とはいえ、「ハメをはずさないように」ということばかり気にしてしまい、すすめられた酒も断り、緊張してガチガチになっているようでは、せっかくの上司の「無礼講」も無駄になってしまう。適度なリラックスと適度な緊張感を持って参加するようにしよう。

check!

バイキングでのタブー

タブー度

うっかり度

バイキング（ビュッフェ）形式の食事は、ホテルを始め、今ではレストランやカフェなどでもよく目にする光景だ。昼食をバイキングで取るというビジネスマンも多いのではないだろうか。自分の好きなものを選んで食べるだけという手軽さ、しかもリーズナブルとあって、人気は高い。

しかし、手軽だからこそそのマナー違いも目につく。特に多いのが、皿から溢れそうなほど料理を取ってくることだ。これはやってはいけない。

「何度も取りに行くのが面倒だから」「絶対食べきれるから」「早くしないとなくなってしまいそうだから」と、理由はそれぞれあるだろう。しかし、本当に食べきれるとは限らないし、テーブルに戻るまでに落としてしまう可能性もある。また、好きなものだけ大量に取り、他の人の分がなくなってしまえばひんしゅくを買う。

何度も料理のところへ足を運び、色んな味を楽しむのがバイキングの楽しさである。横着をせずに、少しずつ取るようにしたい。

また、一つの皿で何度も料理を取る人がいるが、これもマナー違反。同じ料理だけを食べるならまだしも、違う料理を一つの皿で食べていては、味が混ざってしまう。料理のテーブルにはたくさんの皿が用意されているのだから、遠慮せず一品ずつ皿を変えて構わない。

他にも気をつけたい バイキングでのマナー

・料理のテーブルの前で立ち止まらない

たくさんの料理が並んでいると、ついどれにしようか迷ってしまうが、いつまでも料理の前で立ち止まっているのは他の客の迷惑になる。また、料理を前にぺちゃくちゃとおしゃべりするのも禁物だ。

・料理のテーブルに使った皿を置いていかない

食事をしているテーブルに、使ったお皿がたまっていくのが邪魔くさいからと、料理のテーブルに置いていくようなことはしない。店員を呼んで片付けてもらおう。

check! □

立食パーティでのタブー

タブー度
うっかり度

「〇社設立30周年記念パーティ」など、参加人数の多い場では、立食スタイルを取ることが多い。

立食は基本的にバイキング（ビュッフェ）と同じだが、座って食事をするテーブルはなく、若干の椅子が用意されているだけである。

立食パーティでは、決まって椅子を確保しようとする人がいる。ずっと立っているのは疲れるからと、まるで椅子取りゲームのように、料理もそこそこに椅子めがけてまっしぐら、ということをやっている人はイエローカードだ。まして、ずっと**椅子を占領するのはレッドカード**である。

確かに長時間立っているのは疲れるし、食事は座ってしたいという人もいるだろう。しかし、このパーティがなぜ立食なのかを考えてみてほしい。

立食パーティとは、会場内を移動して、たくさんの人と交流することが目的である。食事をすることだけが目的ではない。そのため、椅子やテーブルをセッティングせず、会場を広く歩き回れるようにしてあるのだ。

少しだけ用意してある椅子は、**目上の人やお年を召した人、また疲れた人が交代で使うためのもの**である。椅子に座るのは構わないが、居座るのはやめよう。

会場へ持ち込む荷物は最低限のもの（貴重品やハンカチなど。男性はスーツにしまえれば手ぶらで構わない。女性は小さめのポーチやハンドバッグなどにまとめる）だけにして、あとはクロークへ預けるようにすれば、立って食事をするのも楽だ。

また、先述のとおり食事がメインではないので、食べることだけに集中せず、周囲の人とどんどん交流するよう心がけよう。

check!
□

おごってもらったらどうする?

タブー度
うっかり度

上司や先輩と食事に行き、おごってもらえたとき、「ラッキー」とそのまま帰ってしまうようでは、社会人失格だ。こんな人は、「日常生活でもこんななんだろうな」と生活態度や性格を疑われてもしかたがないだろう。

先輩や上司には、「かわいい後輩（部下）のために、普段は厳しくしているが食事ぐらいはおごってやろう」という太っ腹な人も多い。また後輩（部下）にいいところを見せたいという気持ちもある。

一方、後輩（部下）は「おごってもらえるのが当たり前」だと思いがちだ。また、女性は「男性がおごってくれるもの」と考えがち。

最終的に先輩や上司が払ってくれることになっても、少しは**自分も払う姿勢を見せるべき**だ。しかし、あまり「僕が払うから」「いえ、私が」と意地になって押し問答をするのもよくない。一度払う姿勢を見せ、それでも先輩や上司が払ってくれるというならば、ありがたく好意を受けよう。

会計を済ませたら、きちんと「ごちそうさまでした」の挨拶を忘れずにする。

これは仕事の場だけではなく、プライベートなときでも当然のマナーだ。仮に立ち食いソバ1杯だったとしても、きちんとお礼をいえるような人になってほしい。

check!

周囲は恥ずかしい！食前のこんなタブー

タブー度

うっかり度

席につき、温かいおしぼりを出されると、手を拭き、顔を拭き、しまいには首筋まで拭いているオジサンがいる。確かに汗をかく夏場でも、寒い冬場でもおしぼりが気持ちいいのはわかるが、さすがにこれはマナー違反だ。

食前のおしぼりは、ものを食べるために手をきれいにしてもらおうと出されるものである。顔、首筋の汗や汚れまで拭く必要はない。それらは自分のハンカチで拭けばいいのである。

顔や首筋まで拭いたおしぼりをテーブルに置かれては、同席している人もいい気分はしないだろう。また、一人そういう人がいると、周囲の客に「あのテーブルにいる人たちはマナーが悪い」という目で見られてしまう。同席の人たちまで「同類」と思われてしまうのだ。仲間のためにも、ぜひ紳士的なふるまいをしてほしい。

check! □

やってはいけない!

冠婚葬祭おつきあい編

結婚式に出席するときの服装

タブー度

うっかり度

同僚の女子社員がめでたく結婚。Aさんは、この日のために買った白い清楚なワンピースを着て式に出席した。

しかし、席についた途端、同じテーブルの先輩に、「白い服なんて着てきちゃダメじゃない」と呆れた顔でいわれてしまった。その後も、何人もの人に同じことをいわれて、恥ずかしい思いをするハメに。こんな経験はないだろうか。

結婚式は女性の一大イベント。花嫁同様、女性参加者も思い切りオシャレをしたいと思うはずだ。しかし、結婚式の主役は参加者ではなく、あくまでも花嫁と花婿。二人を引き立たせる気持ちで臨まなければならない。

男性の服装は、黒の礼服に白いネクタイが基本。ジーンズやTシャツのようなラフな格好は控える。そして女性は、前述したとおり白い服装を避ける。これは、「**白は花嫁の色**」とされているからだ。

基本的に、白以外なら何色でも構わないが、全身黒では喪服を連想させるので、デザインや素材で喪服っぽく見えないものを選ぶといいだろう。

色以外に気をつけたいのはデザイン。いくら華やかな席だからといって、胸元が大きく開いた露出度の高い服や、体のラインを強調するようなデザインは控えるべき。結婚式では親族や恩師など、年配の人も多く参加している。そういった人たちにいい印象を与えないからだ。

式は長い上に食事も出されるので、それに耐えられる余裕があり、かつ華やかで万人に印象がいい服装を選ぼう。

check!

結婚式のスピーチでこんなことは話しちゃダメ！

タブー度 

うっかり度 

式でのスピーチを会社の上司に頼む人も多いと思う。普段厳しい上司が会社での頑張りを熱く語ってくれるのは、恥ずかしくもあり嬉しくもある。

一方頼まれた上司、特に大勢の前で話すのが苦手という人にとっては、大変な仕事だ。何を話せばいいか、スピーチの本を買ってきて頭を悩ませるだろう。

結婚式当日。上司が緊張の面持ちでスピーチを始めた。しかし、その内容を聞いて会場中が茫然。

実は上司は、こんなことを話し始めたのだ。

『……A君は若くしてさまざまな苦労を乗り越えてきました。二浪して入学した一流大学を卒業し、入社した会社が、その年に経営不振で業務を縮小。大幅なリストラが実施され、彼もその波に飲まれる形で、退職を余儀なくされました。職を失った彼は、リストラのショックと今後の不安で自暴自棄な期間があったと聞きます。その後折しもこの不況の日本では……』

花嫁と彼女の両親は、上司の話に驚いたような目を向けたが、当人は笑顔もなくうつむいてしまった。

こんな上司は、人を気遣う心がないといっていいだろう。

結婚式は、一生に一度の舞台。晴れやかな門出を明るく祝うのが参加者たちの役目だ。それなのに、スピーチであまり思い出したくもない暗い話を持ち出されては、新郎新婦もたまったものではないだろう。

スピーチでは、浪人や転職、離婚歴など、**明るくない話題や笑えない失敗談、内輪話は控えるのがマナー**だ。

新郎新婦を笑顔にしたいということを心がけたい。あらかじめ、当人と確認をしておくのもいいだろう。

check! □

葬儀に参列するときの服装は？

タブー度 

うっかり度 

夏のある日、同僚の親が亡くなったという報告が入り、社内では、翌日の葬儀に社員全員が参列することを決めた。

翌日、式場に集まった関係者の中には社員の姿も見える。ところが、一人の女性社員の格好を見てびっくり。

「ねえねえ、その格好……よくないんじゃないの？」

手で風を仰ぎながら「そうですか？」と驚く彼女は、全身黒ではあるがノースリーブにミニスカート。生足でミュールという格好だったのだ。外はセミがせわしなく鳴いている炎天下。参列者もみな暑そうに扇子を広げていたり、汗を拭ったりしている。

とはいえ、葬儀に参列するのにノースリーブやミニスカートといった、**肌の露出の**

多い格好は厳禁だ。彼女はそれを知らずに来てしまったのだ。

服装に制限があるのは、「服装で死者を悼む気持ちを示す」という意味があるから。普段どおりのラフな格好や、人目を誘うような露出の多い格好では、死者へ対しての気持ちが感じられないだろう。

葬儀での正装は、男性は黒の礼服に黒いネクタイ。女性は、黒のオーソドックスな形のワンピース・もしくはツーピース。夏場は半そでや五分袖・七部袖でも構わないが、ノースリーブは控える。足は黒のストッキングで、黒いパンプスを履く。素足にサンダルやミュールは問題外だ。

アクセサリーは真珠のものなら良いとされているが、派手なデザインのもの、二連になっているもの（つながる・かさなるという見た目から、「死が重なる」を連想させる）はつけない。化粧は薄めに。マニキュアや口紅の色も控えめに。

社会人になると知り合いも増えて、嬉しくはないが葬儀への参列の機会も増えてくる。喪服や鞄などを、社会人になったときに一揃え用意しておくといいだろう。

check! ☐

ただのお金と思っていたら大間違い、香典のタブー

タブー度

うっかり度

親戚が亡くなったと会社に電話をもらったAさん。「今夜通夜があるから」といわれたが、急のことで慌てていると、上司から「スーツのままで構わないからすぐ行ってあげなさい」といわれ、そのまま会社から通夜の会場へ向かった。

到着すると、先に来ていたイトコが水引のついた袋を手渡している。会社から直接ここまで来たので、自分は何も持ってきていない……。

「えっ、なんか渡さなきゃいけないの？」

その言葉に、イトコは「香典、用意していないの？」と驚いた顔で聞き返した。

こんな調子では、世間知らずといわれてもしかたがないだろう。

香典とは、お香の代わりに霊前へ供えるためのお金。金額は亡くなった相手との関係により変わるが、何も差し出さないのは失礼にあたる。

そう教えられたAさんは、それならと財布からお札を取り出し、受付に……。そこでイトコに止められた。

「ちょっと待って、そのまま渡すのはよくないでしょう」

香典として財布から現金をそのまま手渡すのは、マナー違反。通常は**不祝儀袋に入れて渡す**のが基本だ。

不祝儀袋は、結婚式で渡す祝儀袋と似た形をしているが、熨斗《のし》はついておらず、水引は黒と銀。内袋（正式には半紙などの紙で包む）に現金を納め、表の袋に入れる。

よく、「前から準備していたと思われるので、新札は入れてはいけない」といわれるが、これは特に決まったものではない。財布に常に何万も入っているとは限らないので、銀行で下ろして入れることもあるだろう。新札でも使い古しでも構わないが、気になるなら、折り目をつけて納めるといいだろう。

ちなみに、不祝儀袋に**蓮の絵が描かれているものは仏式用**、**ユリ・十字架などが描かれていたらキリスト式の葬儀用**なので、間違えないように用意する。最近はコンビニなどでも簡単に購入できるので、忘れずに用意すること。


check!
□

見よう見まねじゃ恥をかく、焼香のタブー

タブー度

うっかり度

葬儀は、見ているだけの結婚式と違い、焼香をしたり献花をしたりといった、参列者が行う動作が多い。だが一生に何度も参列するわけではないので、やり方がよくわからず他者の見よう見まねで……という人も多いと思う。

そんな儀式の中でも、特にわかりにくいのが焼香ではないだろうか。

焼香には、粉状の線香（抹香）をつまんで行う形と、棒の線香を刺す形とがある。

棒の線香のとき、ろうそくからつけた火を消そうと息を吹きかけている人がいるが、これはマナー違反だ。

『人間の口から吐く息は穢《けが》れているので、仏様に向けてはならない』というのが、その理由だ。

とんちで有名な一休さんが、ろうそくの火を吹き消したとき和尚さんに、「仏様に人間の息をふきかけるとは何事だ」と怒られ、翌日「息がかからないように」と一人だけ仏様に尻を向けていたという話もある。

「火を消す」というと、無意識に息を吹きかけてしまうが、線香を持った手とは反対の手で仰いで消すのが正しいやり方。あまり火が大きいと、仰いでも消えずに慌ててしまうことがある。ろうそくに線香を近づけるときから慎重に行うといいだろう。

ちなみに、抹香をつまんで行う焼香は、親指・人差し指・中指で焼香を少しつまみ、軽く頭を下げて額の辺りまで捧げる。その後つまんだ焼香を、軽くこするようにしながら香炉へ入れるのが正しいやり方だ。

これを3回ほど繰り返すが、繰り返す回数は宗派や参列者の多さによって変わることがあるので、あらかじめ宗派を聞いておいて調べるか、周りの人を見て判断すると良いだろう。

check!

お悔やみの言葉での禁句

タブー度

うっかり度

お悔やみの常套句に、「かえすがえすも残念です」というのがある。一見丁寧でいい言葉のように見えるが、実はこれは間違いなのだ。

冠婚葬祭での発言では**「不幸を連想させることば」はタブー**とされている。「切れる（→縁が切れる）」「帰る（→実家に帰る）」などがあげられるが、これらは**「忌み言葉」**と呼ばれる。

忌み言葉には、先にあげた「不幸を連想させる言葉」以外にも、同じ語を繰り返す**「重ね言葉」**があり、「一生に一度のはずの結婚式を繰り返す」「人の死が続く」といった意味がこもってしまうためタブーとされている。「かえすがえす」はそのひとつ。

気にする人も多いので気をつけよう。

check! □

遺族にこんなこと聞いちゃダメ！

タブー度

うっかり度

上司の奥さんが亡くなったと聞き、通夜にかけつけた社員。意気消沈している上司の姿を見ているとこちらの心も痛むが、同時に「何で亡くなったんだろう？」という疑問も湧いてきた。さすがに上司に直接聞くのは不謹慎だろうと思ったので、彼の親戚に奥さんの死因を聞いてみた。

こんなことをやっている人がいたら、周囲の反感を買ってもしかたないだろう。常識的に考えて、**人の死因など聞きまわっていいものではない**。「棺に納められた遺体をカメラ付き携帯で撮影した」などという信じられない話も実際に聞くが、めったに起こらない**「人の死」を興味本位で扱うことは、失礼極まりない**ことだ。一度も会ったことのない人には、悲しみの感情も薄いかもしれないが、興味本位や惰性で参列せず、一人の人間が亡くなったことへ、きちんと弔いの気持ちを捧げるつもりで葬儀に臨もう。

check! □

見舞いに持っていってはいけないもの

タブー度
うっかり度

入院見舞いの品といえば、何を思い浮かべるだろうか。多くの人は「花かなぁ」というだろう。

殺風景な病室で寝かされているだけの入院患者にとっては、色鮮やかな花のプレゼントは嬉しいものだ。本やＣＤなどは相手の趣味を細かく知る必要があるし、食べ物は病院で規制されているかもしれない。そういった面からも、花は手堅い見舞い品といえる。

しかし、花は花でも**鉢植えの花を持っていってはいけない**。

「鉢植えなら手入れも楽だし、いいんじゃないの？」

と思うかもしれないが、鉢植えの植物は「根が張る」ことから、「病院に根づく、病院から離れられない」と連想させてしまい、縁起がよくないといわれているのだ。

他にも、ツバキのように花がそのまま落ちるもの（首が落ちることを連想させる）や、仏花である菊、血を連想させる真っ赤な花、ユリ・バラなど香りの強い花も、見舞いには不向きだ。

アレルギー反応の出やすい植物も気をつける。見舞いへ行く前に相手の症状がわかっているなら、あらかじめアレルギーの心配なども考慮し、花屋で聞いてみるのもいいだろう。

若い人は縁起など特に気にしないだろうが、年配の人への見舞いには注意が必要だ。花束を作ってもらうか、カゴに入ったアレンジメントにすると良いだろう。

check!

お見舞いに行くタイミングは？

タブー度
うっかり度

ある同僚の親から「息子が突然倒れて、緊急入院した」との連絡が。社内は心配と不安でいっぱいになり、昼休みに外出できる人たちを集めて、さっそく病院へ見舞いに行った。

夕方、朝から外出していて事態を知らない社員にそのことを話すと、彼は呆れた様子でこういった。

「いきなり大勢で行ったら、迷惑じゃないか」

さて、このような場合、見舞いには行ってもいいのだろうか。それとも彼のいうように控えたほうがいいのだろうか。

突然倒れた・事故に遭ったなどといわれると、心配ですぐ駆けつけたくなるのが人情だろう。だがすぐには行かず、**まずは様子を見るのが礼儀**だ。

まだ相手がどういう状況かもわからないときに大勢で押しかけても、ただ邪魔になってしまう。面会謝絶になっていれば、なおのことである。

面会ができても苦しくて話もできないような状態かもしれないし、騒ぐことで体調を悪化させてしまうかもしれない。また、大勢で訪れることで、先に駆けつけていた家族や他の患者などにも迷惑をかけることにもなる。

こういった事態が起こったら、いっせいに押しかけたり電話をするのではなく、まずは相手側からの連絡を待ち、面会が可能だとわかれば、代表者を立てて見舞いに伺うようにする。

その際、家族に「何か自分たちが協力できることはありますか」と、聞いてみるといいだろう。恩着せがましく「やりますよ、やりますよ」というのはうるさがられるが、突然の事態で相手の家族も動揺しているだろうから、人手があると助かることもある。また実際に手伝えることはなくても、「何かあれば遠慮なくおっしゃってくださいね」という一言があれば、相手の家族はとても心強いはずだ。

患者同様、その家族への気配りも忘れずに。

check!

病人にかけてはいけない言葉

タブー度 

うっかり度 

前項で突然入院した社員は手術も成功し、だいぶ調子がよくなったようだ。そこで、同僚の一人が見舞いに行くことになった。病室で久しぶりに彼の顔をみたとき、見舞いにいった社員は、こんなことをいった。

「わあ、だいぶやせたね」

入院前はちょっと太っていて「やせなきゃ」が口癖だった彼が、今では顔回りもスッキリしていて、何だか別人のように見える。そこで思わず「やせたね」と口にしてしまったのだ。

普段の会話なら「やせたね」などといわれれば「そう?」と笑い話にできるところだが、しかし彼は「やせたね」の一言を聞いて、表情を曇らせてしまった。

「……やっぱ、やせたよな。入院してからほとんど飯も食べられなくてさ……」

ここで初めて「マズイ」と気がつくだろう。しかし後の祭り。見舞いに来た社員は弁解に苦しむハメになってしまったのだ。

病人を見舞うときは、会話ひとつでもいつも以上に気を使う必要がある。特に、病気や怪我による見た目の変化には、こちらからは触れないようにするのがいいだろう。

たとえ悪気はないとしても、健康な人に明るく触れられると、落ち込んでしまったり不快感を示したりする。自由に行動できないので、ナーバスになっている人もいるだろう。

わざとらしい慰めや励ましもよくないが、普段より言動には配慮を見せるべきだ。

他にも気をつけたい
見舞いをするときの注意点

・風邪気味のときは行かない

ちょっと気になる程度でも、病人にとっては危険な場合がある。他の患者の迷惑にもなるので、風邪気味のときの見舞いは控える。

・長居はしない

つい元気づけようと長居して話したりしがちだが、患者を疲れさせないためにも、長居は禁物だ。

check!

見舞いに行く服装にもタブーがある！

タブー度

うっかり度

休日、家に「祖母が危篤」との連絡が。すぐ病院に来るようにといわれ、大急ぎで支度を済ませて病院へ駆けつけた。

が、病室へ入る前に彼の姿を見つけた母親は、開口一番、

「アンタ、そんな格好で会ったらおばあちゃんが悲しむでしょう！」と一喝。

詳しく理由を聞いた彼は、祖母に申し訳ない気持ちでいっぱいになってしまった。

その後、母親には「病室へ入る前に上着とネクタイだけは外しなさい」といわれ、ようやく面会を許してもらえた。

彼がどんな格好で病院へ駆けつけたか想像はつくだろう。そう、彼はこともあろう

か喪服を着てやってきたのだ。

喪服とは、文字どおり「喪に服すための服」である。

喪とは、他者との交流を避けて家族の死を悼むこと。会社や学校を「忌引き」で休んだり、玄関に「忌中」の紙を貼るのは、このためだ。

つまり、喪服とは人が亡くなってから着るもので、**まだ命ある人のもとへ着ていくのは、大変失礼**なことなのだ。

「危篤なので早く病院に」といわれれば、不謹慎ながらも亡くなった後のことも考えてしまいがちである。実家を離れ遠方で暮らしている人は、万が一の場合、喪服を取りに帰っている暇などないだろう。

そこで喪服一式をあらかじめ持っていこうと考えると思う。これ自体はマナー違反ではない。

しかしそれを着ていったり、病室へ持ち込んで患者や家族の目に触れることは避けたい。コインロッカーなどに預けておく配慮が必要だ。

check! □

いただきもののタブー

タブー度

うっかり度

お中元やお歳暮シーズンになると、取引先などから色々な品物が届く。大体は会社あてになっているが、まれに担当者個人あてに届くことがあるだろう。

もし自分あてに取引先からお中元やお歳暮が届いたとしたら、どうすればいいだろうか。

①　**自分あてなのだから、自分だけのもの**

②　**自分あてになっていても、会社のもの**

正解はもちろん、「②自分あてになっていても、会社のもの」。**自分あてに届いた場合は、上司へ報告するのがマナー**だ。

報告して、「この取引先との仕事は君が担当しているのだから、君がもらいなさい」といわれたら素直に受け取って構わない。

個人的な付き合いもある相手からだと、自宅に届く場合もある。そういったときはわざわざ会社まで持ってきて「どうしましょうか」と尋ねる必要はないが、一応報告はするべきだろう。

公務員や病院、学校などでは贈答品の受け取りを禁止されていることがあるので、万が一**自分の会社で禁止しているのであれば、必ず相手に返送**すること。自分あてだからとコッソリもらってしまわないように。

返送する際には、「厚意を無駄にして申し訳ないが、贈答品は受け取れないことになっている」ことを丁寧に伝える書面を添えること。そのまま送り返すのでは、相手に「気に入ってもらえなかった」という悪い印象を与えてしまう。

また逆に、送った品物が返送されても、「失礼な会社だな」などとは思わないように。しつこく送らないようにしよう。

受け取れる場合なら、会社あてでも自分あてでも必ずお礼状を出すこと。文面はワープロ打ちではなく、手書きで出すのがマナーだ。

check!
□

年賀状のタブー・1

タブー度 

うっかり度 

近年、パソコンや携帯電話の普及に伴い、メールでの年始の挨拶が増えてきた。とはいえ、従来の年賀状の習慣は、まだまだ根づいている。大掃除や仕事の片づけに追われながら年賀状を書くのは、年末の恒例行事だ。

そんな年賀状だが、あなたは面倒くさがって文面も宛名もすべてワープロ打ちにしていないだろうか。

「出さないよりはいいんじゃないの？」なんていっている人は、もう少しまごころを持ったほうがいいだろう。

年賀状は**「出せばいい」という形だけのものではない**。

そもそも年賀状とは、**「本来なら新年の挨拶に出向くところを、家まで行くことができないので、代わりに出す」**挨拶状のことだ。

上司になら「前年は仕事の指導をありがとうございます」というお礼に「今年は昨

年以上に頑張ります」という抱負をこめて、恩師にならば「昨年も先生に教わったことを教訓に頑張りました」という報告など、相手が変われば伝えたい思いは変わるはずである。

それなのに全員同じ文面、しかも味気ないワープロ打ちでは、気持ちがこもっていないと思われてもしかたないだろう。

宛名や差出人は印刷でも構わない。しかし、表には一言「昨年は大変お世話になりました」「ご無沙汰しておりますが、お元気でいらっしゃいますでしょうか」など、相手のことを思った一筆を添えたいものである。

もらった相手もきっと嬉しいに違いない。

宛名を印刷するときの注意

・印刷ミス

宛名を印刷する場合に気をつけたいのが印刷ミス。上下逆さまに印字してしまったり、住所を間違えて打ち込んでいたりといったミスはありがちなので注意したい。

・住所の登録間違い

住所録を作っている場合は、引越しなどで住所が変わっていないか、印刷前に確認する。

転居届が出ていれば転送してくれるとはいえ、昔の住所のままで送られてきては、相手もいい気持ちがしないだろう。

check! □

年賀状のタブー・2

タブー度
うっかり度

以前は、年賀状といえば元旦に着くように出すのが普通だった。

しかし最近では書く暇がないのか、大晦日から年始にかけて出すといった「遅出し」傾向にあるようだ。

それでもまだ3日、4日辺りに届くならいいが、会社も始まってお正月気分も抜けるころになって出したりしていないだろうか。これはマナー違反だ。

『年賀』とは、元旦から「松の内（7日頃）」までを指す。年賀状は「年賀の挨拶状」なのだから、本来なら**松の内までに出す**のがマナーだ。

check!

やってはいけない！社会人《しゃかいじん》としての100のタブー

平成18年3月10日　第1刷
平成23年4月11日　第5刷

編　纂　社会人《しゃかいじん》のマナー研究会《けんきゅうかい》

発行人　山田有司

発行所　株式会社　彩図社《さいずしゃ》
東京都豊島区南大塚3-29-9
中野ビル　〒170-0005
TEL:03-5985-8213
FAX:03-5985-8224
郵便振替　00100-9-722068

印刷所　新灯印刷株式会社

ISBN978-4-88392-531-5 C0134